社会主义核心价值体系建设
"双百"出版工程
项 目

方 红 霄

商成勇　王久辛/著

★

吉林文史出版社

《100位新中国成立以来感动中国人物》丛书

★★★★★

编 委 会

前　言

　　每个人的心中都多少有一点英雄情结，都向往英雄、景仰英雄。也正因此，在中华人民共和国建国六十周年之际，由中央十一部委联合组织开展的"100位为新中国成立作出突出贡献的英雄模范人物和100位新中国成立以来感动中国人物"的评选活动中，群众参与投票总数近一亿。这其中的每一张选票，都表达了人们对英雄模范的崇敬之情，寄托着对伟大祖国的美好祝福。

　　一个民族不能没有英雄，否则这个民族就不会强大。当国家危难之时，懦弱者选择了逃避、妥协甚至投降，英雄们却挺身而出，用热血捍卫民族的尊严，人民的幸福。在创立和建设新中国的伟大历程中，涌现出无数可歌可泣的英雄模范人物。他们之中，有为了民族独立和人民解放而英勇牺牲的革命先烈，有为了党和人民的事业而不懈奋斗的优秀共产党员，有在全民族抗战中顽强奋战、为国捐躯的爱国将士，有英勇杀敌的战斗英雄和革命群众，有积极从事进步活动的著名民主爱国人士和国际友人……他们是民族的脊梁、祖国的骄傲，是激励全体人民团结奋斗的精神力量。

　　《100位新中国成立以来感动中国人物》丛书，就像一部星光璀璨的英雄谱，真实、完整地记录了英雄模范人物不平凡的一生，再现了他们非凡的人格魅力和精神世界。舍身堵枪眼的黄继光，拼命也要拿下大油田的王进喜，中国原子弹之父邓稼先，新时期领导干部的楷模孔繁森……一串串闪光的名字，一个个动人的故事，犹如群星闪烁，光耀中华。

　　当今中国正处于伟大变革的时代，迫切需要涌现出一大批勇于承担历史使命、为祖国和人民奉献一切的先进人物。在"双百"人物崇高精神的引领下，在建设社会主义现代化国家的征程中，必将英雄辈出。

生平简介

　　方红霄，男，汉族，湖南省岳阳市人，中共党员。1970 年出生，1990 年入伍，现任武警云南省总队昆明市支队副支队长。

　　方红霄牢记维护国家安全和社会稳定、保障人民安居乐业的职责使命，坚决同各种违法犯罪活动作斗争。面对穷凶极恶的歹徒，他舍生忘死，无所畏惧，带领官兵查缴海洛因等毒品 45 公斤、各种枪支 41 支、子弹 2172 发、黄色制品 957 件、管制刀具 3 万多把，抓获各类违法犯罪嫌疑人 1919 人，成为让犯罪分子胆寒的"护法勇士"。面对人民群众，他饱含着赤诚与真情，以"执勤好比执法，即使千难万难，也不能为难父老乡亲"为信条，两次在枪口下舍身救出被歹徒劫持的人质，数次冒死排除了即将爆炸的手雷，保护了人民群众的生命财产安全。遇到有困难的群众，他慷慨解囊，热心援助，在火车站执勤的 6 年中，先后接济过往旅客 60 多人，帮助数十名走失的孩子重新回到父母的怀抱，展现了一名共产党员、革命军人无私无畏、一尘不染的浩然正气，塑造了新时期人民忠诚卫士的光辉形象。他兢兢业业，屡立新功，多次出色完成扑救森林大火、抗击雨雪冰冻灾害、抗震救灾、奥运火炬传递安保等重大执勤处突任务。他被授予中国青年五四奖章，荣获首届"中国武警十大忠诚卫士"等荣誉称号。

1970-
[FANGHONGXIAO]

◀ 方红霄

目 录 MULU

人民的忠诚卫士（代序）

云南，横亘在欧亚大陆与印度洋之间的红土高原。

一片古老而神秘的土地，一片富饶而美丽的土地，一片祥和而繁荣的土地。

崇山峻岭、峡谷秀川，大江小河、森林田野；原始部落、村寨人家，奇石怪兽、山间马帮；古朴文化、异域风情……

13 世纪 50 年代，忽必烈率大军南征攻破大理国，设立云南行省。辛亥革命之后，蔡锷将军"以一隅而为天下先"的气魄，起兵护国，击碎了袁世凯的迷梦。人民共和国成立后的第一个春天，云南全境获得解放，各民族人民在中国共产党的阳光雨露下，开始编织幸福生活。

四千多公里的边境线，形成了山水相连、跨境而居、胞波情深、色彩斑斓的独特风景线。然而，进入 80 年代以来，国际贩毒集团与国内贩毒分子相勾结，利用我国边境开放之际，在位于泰国、缅甸、老挝三国交界处的"金三角"地区，大规模种植罂粟，沿边境线设厂加工毒品，并从毗邻的云南入境，经昆明运往广州、香港、加拿大多伦多等地，企图在中国大陆开辟毒品环球旅行的"第四通道"。

作为西南边陲交通咽喉的昆明火车站，很快就成为贩毒、贩枪、贩黄的必经之地，治安形势十分复杂。80 年代初的一个春天，一支身着橄榄绿的队伍悄然出现在人流如潮的昆明火车站。

我们讲述的主人公，就是这支队伍中的最高警官——方红霄。

来到云南之前，对方红霄的认识一直停留在传奇之中。我们总在不停地问自己：和平鸽飞鸣的时代，还有佩戴花环的英雄吗？

现在，英雄面带微笑端坐在我们面前。刚见面时，他的脸上疾速地闪过一丝紧张局促的神情，放在胸前的双手无意识地做了几次开合的动作。但他毕竟不是一位普通的警官，很快就镇定下来，向我们报以英俊的微笑。

早在正式采访之前，我们已经掌握了如下背景材料：

方红霄 1970 年 3 月出生于湖南省岳阳市君山区。1990 年 3 月入伍，1995 年被武警总部破格提为正排职警官，历任战士、班长、排长、副中队长、中队长，身高 1.76 米……

这天是云岭高原一个阳光灿烂的日子。他带着湖南方言的普通话听起来有些拗口，却自然流畅、悦耳耐听。

短暂的交谈之后，我们同方红霄之间的距离渐渐拉近了。我们已经强烈地感受到，一股神奇的力量正在透入我们的肌骨。

我们紧握的笔在采访本上走了整整一个月。在记录他传奇的同时，也接受了自我生命与灵魂的洗礼。合上采访本后，我们唯一的心愿就是，把这位铁血警官鲜为人知而又感人肺腑的故事，如数家珍地展现在世人面前。

现在，请诸君静下心来，随着我们散发着墨香的文字，一起走进方红霄传奇的英雄历程。

捕捉秋毫

➔ 利剑般的眼睛

对于一名职业军人来说，无论是硝烟弥漫的生死战场，还是阳光灿烂的和平年代，较量是每时每刻都面临的课题。

当人们渐渐远离战争、远离硝烟，尽情享受和平阳光的时候，军人的称谓与实际内涵，已经被人们在谈笑间忽略甚至于忘却了。

然而，忽略并不等于不存在，忘却亦不等于消失。

方红霄就是在这种环境和氛围中走上哨位，同形形色色的对手展开较量的。

从穿上橄榄绿的那天起，方红霄对自己的军旅人生做过三种设计：

第一种是，当兵三年退伍回家；第二种是，参加战斗献身疆场；第三种是当个职业警官。对于前两种，他还多次做过更为复杂的构想。对于最后一种，他只是不经意地闪过一丝念头。

然而，就是这一丝念头，使方红霄走上了一条需要用鲜血和汗水来铺就的路。

诗人说：眼睛是心灵的窗户。

军人说：眼睛是刺穿对手的一柄利剑。

方红霄的眼睛就是一柄双刃剑。他从走上哨位的第一天起，就最大限度地开发眼睛的穿透力，在昆明火车站南来北往的人流中分辨形形色色的目光：

平静的、焦急的、善意的、凶狠的……

1994 年 6 月 14 日，方红霄作为执勤班的班长佩戴上了上士警衔。望着多出的一条黄色横杠，沉静在心底的自豪之情禁不住涌上了心头。

当天中午 12 点左右，他带着一脸喜气来到了车站优先进站口的哨位上。大约刚过了 20 多分钟，一位步履蹒跚的老者出现在他的眼前。

在以后的审问中，才知道这位老者叫刘五道。

刘五道穿着朴素，背负行包。左手提着一块菜板，右手挂着一根拐杖，来到了检票进站口。

方红霄见他走路不便，就主动迎上前去说："老大爷，我来帮你拎吧！"

刘五道说："这东西轻，我能拿上车。"

当刘五道走过检查口时，方红霄无意间扫了一眼他手里的车票，是从昆明到广西去的。

职业的敏感，促使他再一次把目光凝聚在已经进站的刘五道身上，一串问号疾速闪现在脑际：硬木菜板是广西的特产，还用得着往原产地带吗？这么大年纪了，为啥一个人出远门？

带着未来得及拉直的问号，他快步跑过去伸手接过刘五道手里的硬木菜板说："老大爷，去广西的车在 2 号站台，要走好长一段路，还是我送你上车吧！"

刘五道先是一愣神，接着立即堆起一脸笑，用云南大理的方言说："这东西没斤两，我能行。"

方红霄提着菜板没走几步远，就觉得菜板重量不太对劲，比云南当地产的菜板轻了不少，他换手掂了掂，确实感到有问题。

借着扶老人上台阶的空儿，方红霄用试探的口吻说："大爷，你这块菜板买得不正宗，说不定是假货。"

刘五道说："我买的不是正品，图个便宜，能用就行了。"

方红霄随声说话："怪不得提在手里轻飘飘的！"

6 月的昆明已经进入旅游旺季，站台上人流如潮。上车的人在车门前排起了长队，刘五道见状有些焦急不安，拉住方红霄的胳膊说："这个门人太多了，我到后面的车门上去，菜板我来拿吧！"

方红霄趁势稳住他说："你别着急，我去给列车员讲一下，先送你上车。"说完挤过人群，向正在验票的列车员走过去。

刘五道一直用疑惑的目光盯着方红霄，回来后脸上才露出一丝淡淡的笑意。然而，他并没有想到，这位一脸稚气的年轻警官，给他玩了一个古老的战法——金蝉脱壳。

就在这一去一回的几十步之间，方红霄揭开了菜板的秘密。他借着拥挤的人流，对菜板进行了极为细致的检查，当即发现了两处疑点：第一，用手指敲击时，菜板发出的声音与实木的稍有不同；第二，菜板周边是用削下来的树皮包裹，用很小的铁钉钉合的。

一个成功的人，都有一个成功的发现伴随。方红霄此时的发现，就将刘五道与罪犯的距离拉得只剩一步之遥。

当方红霄拎着菜板回来时，刘五道已经急出一头汗来。方红霄仍不动声色地说："我已经同列车员讲好了，先送你上车。"

来到车厢，方红霄边往行李架上放东西，边说："大爷，你这块菜板确实买得不正宗，不信你看。"

刘五道望着方红霄，有些不知所措，脸上没有了笑容。

当方红霄掏出小刀撬开菜板边的一块木皮时，刘五道顿时瘫倒在座位上。原来，菜板不是实心的，里面填的是碎木渣。全部打开后，木渣里藏着一块海洛因。

方红霄一语双关地说："我说这菜板不正宗吧！"

面对用塑料布精心包裹的毒品，刘五道顿时傻了眼，老泪纵横。

车厢里的旅客纷纷围过来，七嘴八舌地议论开了。

刘五道抹着眼泪说："我退休在家没事可做，有个熟人托我往广州送趟货，一次给我6000块钱，我想给这么多钱就答应了。上车前，一个不相识的小伙子交给我这块菜板说，到广西南宁车站专门有人接，酬金先给一半，货送到广西后再全部付清。同志，我这一辈子挣的全是干净钱啊……"

法律是无情的。方红霄动作娴熟地给刘五道戴上手铐将其带下车厢。方红霄的身后，爆发出此起彼伏的掌声。趋利走险的刘五道不久就被送入大牢，终身监禁。

刘五道为财而步入大牢，而栽在方红霄手里的另一位老者，却只是为了圆一个荒唐的梦。

那是一个细雨霏霏的日子，昆明火车站人流如潮。

那天，方红霄带着战士刘小智在进站口执勤。当方红霄的目光扫过去的时候，一个背绿挎包的老者正用右手揣摸夹克内侧的口袋，他远看上去已过花甲之年，稀疏而花白的头发和脸上并不平凡的表情足以说明，他在这个世界上行走的足迹并不踏实。至少是大道迷惘小道谙熟的贪婪之客。

这个老者就是栽在方红霄手里的黄金山。方红霄最初的判断是，他在摸香烟或者车票、钱之类的东西。然而，当他匆忙来到进站口时，方红霄很快就否定了刚才的判断，请他出示身份证件。黄金山先是一愣，接着从夹克衫的另一个口袋里，掏出了身份证。上面显示：

黄金山，男，63 岁……

看完证件，方红霄请他打开行李检查，黄金山随手将一个军用挎包递过来。方红霄一看就觉得有些蹊跷，乘火车出门连一个行李包也没有。于是，就开始查问：

方：老人家到哪里去?

黄：广州。

方：办公事还是走亲戚?

黄：去看在广州打工的女儿。

方：行李全部托运了吗?

黄：就去几天，没什么行李。

△ 又有毒贩落网

方：怎么连一件换洗衣服也不带啊？

黄：我女儿那里准备好了。

……

方红霄边问边给站在旁边的战士刘小智使了个眼色，刘小智立即把黄金山叫到检查台一侧。就在这时，方红霄一把揪住黄金山的夹克衫左边的里衬，将口袋里的一个烟盒大小的硬物牢牢抓住。

黄金山想做最后的反抗，没有来得及出手，方红霄就在他的后背上猛击一掌，接着一个前挡后绊将其摁倒在地上，刘小智迅速从腰间取下手铐把黄金山反手铐起来。方红霄和刘小智制服黄金山的一连串动作，总共只几十秒钟，进站口的数百名旅客一下子把目光投向了方红霄，想看个究竟。

被铐上双手的黄金山顿时吓破了胆，尿水打湿了一条裤腿。方红霄立即从黄金山的夹克衫内侧口袋里，摸出了两包精装的"玉溪牌"香烟。这两包香烟的包装看上去与正常的香烟并没有什么不同，甚至于还要精致一些。

方红霄断定名堂就在烟盒里。他轻轻启开塑料封皮打开烟盒，撕掉封口的锡纸后，烟盒里藏着一块伪装巧妙的海洛因，在场的旅客惊叹不已。

狡猾的老狐狸终于露出了尾巴。方红霄和刘小智把黄金山押到了车站公安值班室，两块包装精美的毒品放于眼前，面对公安人员严厉的审问，黄金山不得不交代出贩卖毒品的老底。审讯笔录上这样写道：

问：这些海洛因是哪里搞来的？

答：在瑞丽的烟贩手里买来的。

问：一共有多少克？

答：390克。

问：准备到哪里去卖？

答：到广州。

问：你在广州有熟人吗？

答：没有。

问：你是第几次做毒品生意？

答：第一次。

问：卖了毒品想干什么？

答：买个女人做老婆……

原来，黄金山是一个游手好闲的老光棍。四处游荡期间，结识了几个地痞流氓，干起了偷鸡摸狗的勾当，搞到钱就吃喝嫖赌。这几年，他见自己日渐苍老，一直想找个女人安家。同伙们便为他物色了一个20多岁的打工妹，女方要求2万块钱成交，不领结婚证，愿意长期同居。

黄金山就是带着这个艳梦铤而走险的。他在瑞丽搞到货后，绕道窜到昆明，准备南下广州出手，赚回买老婆的钱，圆做新郎的梦。为了能闯过车站哨兵这一关，他两次来到进站口观察动静，看到哨兵对进站行李检查严格，便决定只带洗漱用具上车，而且专门找了一个旧的军用挎包，装出自己曾经是一个老兵的样子，想混过这个最要命的关口。

黄金山打错了如意算盘。

当他把挎包递过来的一瞬间，方红霄就发现了他蒙混过关的破绽：挎包的背带比包新得多，布面也有明显做旧的痕迹。于是，就立即给刘小智使了一个动手的眼色，也就有了前面出现的那一幕。

半年后的一天，方红霄在车站广场广告栏张贴的云南省高级人民法院的一张布告中发现，黄金山已经被执行死刑。

→ 假的真不了

★★★★★

出现在方红霄面前的这个女人，是一位美丽而且从容的女人。飘动的长发和肩上珍珠鱼皮的小坤包浑然一体，很容易让人联想起影视剧中的某个女主角，甚至还有几分著名歌星的味道。所不同的是，她的衣着色彩淡雅素静，是那种淡淡飘香的女人，所以似乎更有魅力。

她左手拎着一盒精美的蛋糕，步履轻巧地向进站检查口走来。在接近方红霄一步之距时，嘤声地说：

"同志，166次是从这儿进站吗？"

正在检查行李的方红霄说："是从这里进站。"

凭着每天对南来北往旅客的观察，方红霄觉得这个女人很像是外企公司的白领丽人，言谈举止有一种恰到好处的分寸感。问完话，白领丽人步态轻盈地到最后面排队进站。这趟车进站的旅客很多，足足过了一刻多钟，白领丽人才来到进站口。

"同志，请出示身份证和车票。"方红霄挥手拦住她说。

白领丽人微笑着对红霄说："请帮我提一下蛋糕好吗？"说着，不紧不慢地从小坤包里取出身份证和车票，递到方红霄面前。

"到广州出差？"方红霄一边验证一边问道。

"不，我家在广州，回去给老公过生日。"说着，便伸手去提方红霄手中的蛋糕。

白领丽人表情自如的应答与举手投足，没有哪个动作露出了破绽。然而，方红霄好像还是发现了点什么。

当白领丽人伸手提蛋糕时，方红霄却没有马上还给她，笑着用说惯了的湖南话应道："别急，马上就还给你。"

说话间，方红霄从上衣口袋里掏出一只曲别针，用牙把曲别针咬直，然后插进了蛋糕的正中间……

方红霄将曲别针插进蛋糕大约2厘米后，明显感到再也插不进去了，便不动声色地对白领丽人说："这蛋糕里面怎么硬邦邦的，你老公怎么吃呀！"

白领丽人张了张嘴，一句话也没有说出来。脸上闪过瞬间的愕然与几分惊恐。但是，她毕竟是老道的，很快就镇定下来，朝方红霄堆起迷人的笑说："这蛋糕是朋友帮我买的，有什么问题吗？"

方红霄说："你先别着急，让我再仔细看一看。"说着，用中指朝曲别针插入的地方抠下去，然后轻轻向上一挑，掏出一个塑料纸包，进站的旅客一下子围过来。当方红霄把纸包全部打开后，是一块纯正的海洛因。

等待进站的旅客一片惊叹。

白领丽人瘫坐在地上痛哭起来。

白领丽人并不知道，当她前来打听进站口的时候，方红霄一眼就注意到了她手里拎着的这块蛋糕。方红霄的脑际迅速闪过一个问号：广州的蛋糕样式又多又精美，何必非从昆明往回带呢？

"她藏毒了！"

方红霄的判断是神速而准确的。于是，他只用了一根小小的曲别针，就将白领丽人的"画皮"挑了下来。颇显从容的贩毒分子，在更为从容不迫的警官面前，最终现出了原形。

这天正好是1993年10月1日。当人们正在用各种形式庆祝共和国44岁华诞的时候，一位彩蝶般的女人被毒品葬送了。

据公安部门的官员称：白领丽人叫赵丽芳，是北京某名牌大学毕业的硕士研究生。走出校门后，先后六次易岗，换过两个丈夫，文化层次很高，智商也非一般……

至今，方红霄讲起这个女人来，仍然扼腕长叹。

无知的人，往往掂量不出金钱与生命哪个更重，从而陷入罪恶的渊薮。

1999 年 6 月 22 日下午 5 时左右，连阴了几天的昆明忽然细雨霏霏，空气中飘荡着阵阵凉意。再过半小时，昆明至贵阳的 338 次列车就要开车了。已经在车站执勤大半天的方红霄和战士田延争，整理了一下警服来到进站口例行检查旅客的行李物品。

这时，走来一位方脸男子，大约 1.65 米，留了个大包头，上身着蓝色 T 恤衫，是那种走进人群就立刻被淹没的人。小田对其例行检查后，小声对方红霄说："队长，这人好像有点不对劲。"

方红霄点头示意将其带到勤务值班室。

从身份证上看，此人叫李国富，是云南人。随身携带的一个蓝色旅行包，除了几件衣裳和牙具外，并无可疑之处。此时，离开车还有 15 分钟。

按往常惯例，这种情况也就放行了。但是，方红霄心里总觉得不踏实。他再一次把李国富的浑身上下扫了几遍后，盯着李国富的双眼开始问话：

"你从哪儿上的车？"

"从耿马上的夜班车。"

"到哪去？"

"贵阳。"

李国富的上嘴唇有一个凹，说话时嘴合不严。但回答问话还是听不出什么问题来。方红霄见问不出什么破绽，便突然不经意地对他说：

"今天有点凉。"

"是，挺凉的。"

李国富讨好般的应答，倒使方红霄似乎发现了点什么，他挥手向李国富作了一个落座的手势说：

"咱们坐下聊聊。"

"天凉，我还是站一会儿。"

李国富搓着手，不肯坐下来。方红霄见他不肯落座，便走过去拉住李国富的手说："那好，请你上车吧！"

这是方红霄突如其来的一招。就在拉住李国富手的一瞬间，他找到了疑点。于是说："天这么凉，怎么手心还出汗？"

李国富并不慌张，而是平静地说："本来我不热，被你们叫到这儿三问两问，还真问出汗来了。"

"那让你坐，你怎么不坐下呢？"

"车要开了，我怕误上了车。"

"你怕是坐下肚子胀吧？"

话音刚落，方红霄突然用手捅了一下李国富的肚子，李国富猛地向后一缩，头碰到了墙上。就这一个动作，方红霄已有了七成把握，给小田使了一个眼色，当即把李国富铐了起来。

李国富低头不语。

方红霄已经断定李国富体内藏有毒品。于是，他让李国富原地高抬腿踏步。这一招真灵，李国富只抬了十几下腿，就捂着肚子说要上厕所。

然而，到了厕所门前，李国富又直起腰说："火车就要开了，我还是先上车吧。"

小田一语双关说："车上人多，上厕所要排队，你还是在这儿上完再走吧！"

李国富低声絮叨了一句："我真的不想上了。"

方红霄让小田看住李国富，直奔候车室售货亭，买了两瓶矿泉水递给李国富，用命令的口吻说："我看你口干舌燥的，把这两瓶水喝了再走。"

李国富只喝了不到半瓶，肚子顿时翻腾起来，面如土色。方红霄估

△ 方红霄（右二）带官兵与车站公安民警协同执勤

计该发作了，便再次将其带入厕所，在地上铺了两张纸。再次命令道："你就蹲在这儿方便吧！"

望着方红霄威严的目光，李国富只好脱下裤子蹲在地上。大约过了两分多钟，伴着一股刺鼻的恶臭，用避孕套包着的白色圆柱体，一个一个像乳羊遗屎，从其体内排出……

方红霄戴上橡皮手套，捧起与大便混在一起的27个圆柱物体到了水房，打开水龙头反复冲洗干净。

罪证面前，李国富软成了一摊烂泥。

其实，李国富并不是一个贩毒惯犯。自从染上了赌瘾后，整天跟一帮狐朋狗友挑灯夜战，连赢了几天，口袋也鼓起来了。于是，花钱大手大脚，花完再去赌，结果运气败了，把所有的家当输干净后，还欠了3000多元赌债。

同伙见他陷入绝境，觉得时机成熟了，便让他帮人"送货"。开始，他不懂"送货"是什么意思，以为是帮人扛大包，并未在意，便满口答应了。当一个满脸横肉的家伙把370克海洛因交到他手里时，他吓得半天没转过神来。

但是，欠了人家的钱，拿什么来还呢？左右为难之际，一个同伙劝他说："阿富，你送货到贵阳，来回也就一个星期，只要把货送到了，回来赌债一笔勾销，人家还再给你加3000多块。你掰手指头算算这笔账，划来得很！"

李国富一夜未合眼。当他把两包香烟的最后一支烟屁股摁灭后，决定上路下贵阳。

临行之前，他对携带毒品做了各种各样的设计，最后选择了体内隐藏。将毒品用避孕套包裹成能入胃的圆柱体，再用色拉油浸泡后直接吞进胃里。这样一来，安全系数增加了，对生命的威胁却增大了。吞下去后，他必须在昆明到贵阳的几天里滴水不进、粒米不沾才能活命。

然而，这时候的李国富，脑子里只有一个字——钱！生命对他来说，就像牵在别人手里的一条风筝线，谈笑间随时都会断。

人世间的所有罪恶都源于贪婪。谁沾上这两个字，谁就会变得是人如鬼，不知不觉间走向地狱的边缘。

这是1993年10月13日上午10时30分，昆明站166次列车候车室。

正在候车室巡检旅客行李的方红霄，见中年男子的茶杯掉在了地上，他虽已警觉，但没有立刻走过去，而是边检查别的旅客，边向中年男子靠近……

……四位、三位、两位、一位，他走到中年男子面前："同志，请你接受安全检查。"方红霄客气地对他说。中年男子目光呆滞地望望方红霄，又慢慢地低下头，望着自己的行李。

这样的神态和举动，方红霄还是第一次遇到。

"同志，请你打开包接受检查。"

中年男子仍然没有说话，也没抬头，好像根本就没听见方红霄说话一般。

"请配合我们执勤！"对着那位中年男子，方红霄提高了嗓门，并

◁ 方红霄在清洗毒犯排泄出的圆柱体（内藏毒品）

向他打了一个开包检查的手势。可中年男子依然低着头，一言不发。

莫非是哑巴？方红霄疑惑不解。在以往的执勤中也遇到过聋哑人，可今天这名旅客却与众不同，不但对声音充耳不闻，而且连手势都熟视无睹。

"老兵，人家是哑巴，听不见，又不会说话，你就别难为他了。"对面座位上的另一名大个子男子主动为"哑巴"打圆场，其他旅客也掺和着说："又聋又哑的，就算了吧，别太较真，怪可怜的……"

"照顾残疾人是应该的，但安全检查也是对旅客负责，无论什么人，都不能例外。"方红霄讲到最后一句话时提高了嗓门，并拍了拍"哑巴"的肩膀，再次做了一个开包检查的手势。

刚才打圆场的大个子男子见状，气哼哼地对旁边的旅客说："你看这个当兵的，人家明明是哑巴还一个劲地追问，太没人情味儿了吧？"

方红霄转身盯了大个子一眼，问道："你是干什么的？列车出了事，谁来负责？"大个子一听，不敢吱声了。

方红霄一边打开行李进行检查，一边留心"哑巴"的神态。他很快发现，检查行李物品时，"哑巴"那一双看上去十分呆滞的眼睛却在左右乱瞟，并不时地看着刚才为他打圆场的大个子男人。

"哑巴"站起身，将裤带紧了紧。打圆场的大个子男人也马上从座位上站起来，看了"哑巴"一眼，向前挪了几步。

方红霄的脑海里立即闪出一串问号——"哑巴"紧皮带干什么？打圆场的大个子男子又看到了什么？

方红霄趁"哑巴"还没有反应过来，一把掀开其外衣，迅速将其腰带间的一个破布囊抓在手中，当场查出海洛因700克。

"哑巴"脸色惨白，浑身哆嗦。

"放老实点。"方红霄喝道。

"是他让我带的！"

"哑巴"声嘶力竭地指着打圆场的大个子男子叫道。只见那大个子男子翻过座椅，撒腿就跑。周围的旅客不知道到底发生了什么事，所以没有任何人出来阻拦。

方红霄眼见大个子就要冲出候车室，飞身一个箭步冲过去，未等这家伙躲过迎面进来的旅客，一个鱼跃扑上去，掐住他的脖子。"哑巴"一看大个子男人被方红霄制服，便叫嚷道："不干我的事，我是他逼着干的。"方红霄见状，怒吼道："你们两个都是贩毒分子，谁也逃不了！"

旅客们看到方红霄撕破了"哑巴"的面纱，一连生擒两名贩毒分子，都围过来问方红霄："你是不是有特异功能？"

方红霄淡淡地笑着说："假的真不了，更何况他们心怀鬼胎，藏是藏不住的。"

远离战争太久的人们，对军人出现在和平的窗口总是不太适应，总是投来令人难以捉摸的目光。方红霄和他的战友们每次走上哨位，都会在车站南来北往的人流中看到这种目光。

这里有一个特殊的背景，就是昆明火车站是全国唯一对旅客进行特殊检查的车站，旅客的行李物品必须开包检查才能进站上车。不少外地旅客初次来到昆明，都会有不习惯或者小题大做的感觉。其实，方红霄和他的战友们何尝不想减少检查程序，更好地为旅客们服务呢？

然而，严峻复杂的治安形势绝不允许丝毫的懈怠。因为在霓红闪闪的特殊战场上，狼和狐狸每时每刻都在寻找脱身的每一丝缝隙。

正是为了堵住一丝缝隙，站在哨位上的方红霄和他的战友们，时常被推入两难境地。

➡ 毫不懈怠

★★★★★

　　方红霄一眼就看出，朝进站口走来的是一位白族老大妈。

　　1994年3月2日上午，这位老大妈背着一筐蔬菜来到进站口，方红霄满面笑容地上前请她接受检查时，老人却不耐烦地说："带点菜，有啥好查的？"背上菜筐就往站里走。

　　方红霄没有硬拦，而是很礼貌地把老人请到检查台旁边，耐心地对她说："大妈，进站检查是我的职责，也是您的义务，就是我妈来了，也得例行检查后才能走，您就别难为我们做小辈的了。"

　　老人见方红霄没有放行的意思，气哼哼地说："你查吧，看能查出啥来？"说着把菜筐往地上一扔。菜在进站口撒了一地，排队进站的旅客不耐烦地嚷开了："一个老人，该查的查，不该查的就别查了嘛！车要开了，能不能快点？"

　　旅客们万万没有想到，老大妈这一扔不要紧，倒在地上的菜筐里却蹦出了一个手掌大的塑料包，方红霄捡起来拆开一看，是一块海洛因。

　　这时候，进站的旅客一下子围了上来，七嘴八舌地议论开了：

　　"这么大年纪还贩毒，凭这块海洛因，就够枪毙

△ 方红霄在向乘车旅客了解毒贩线索

了。"

　　"不查不知道，一查吓一跳！看来还真不能掉以轻心啊！"

　　……

　　老人一听，顿时就坐在了地上。

　　方红霄此时却格外冷静。他上前扶起老人说："大妈，不要怕，事情会搞清楚的。"说着便弯下腰去，拾起地上的菜，领着老人向车站派出所走去。

　　一路上，方红霄边走边对老人的言谈举止做了分析：如果是老人贩卖毒品，她绝不会把筐扔在地上。不少贩毒分子经常用"调包计"，把毒品带上车。从老大妈的神态看，显然是被人利用了。

　　她是被谁利用了呢？真的贩毒分子又在哪里呢？如果抓不住利用老大妈的贩毒分子，那么老大妈就是犯罪嫌疑人，拘留是轻的，弄不好还得判刑。方红霄想，作为人民子弟兵，决不能让无辜者蒙受不白之冤，一定要还老大妈清白。

方红霄暗暗下了决心，耐心地询问："大妈，进站前都遇到过什么人？""没有哇！我家也不在昆明，这儿我没有亲戚和熟人呀。"

"我不是问您遇到熟人，而是问您在进站前都去过哪儿？和谁接触过？有没有人帮您背过菜筐？"

老人平静下来说："我在售票厅排队买票的时候，有一个20多岁的小伙子，说和我是同乡，坐一趟车走，主动帮我背菜筐、买车票。"

一切全明白了。方红霄急忙查看老大妈手中的车票座号，一个闪念在脑中形成——毒贩分子肯定是先将毒品藏在老大妈的菜筐里，等大妈进站上车后，再将毒品取走。

再狡猾的狐狸最终也会露出尾巴的。方红霄想，既然他帮大妈买的车票，那么车票的座号肯定是挨着大妈的。

方红霄立即带了两名战士上车排查。然而，狡猾的贩毒分子在进站口看到老大妈被带走，一上车就找人换了座位。方红霄带着战士排查了一阵，一无所获。

列车快要开动了。如果车一走，老大妈浑身是嘴也说不清了。想到这儿，方红霄抹了一把额头上的汗水，很快镇静下来，边观察周围旅客的动静，边思考新的对策。这时候，一个中年妇女从另一个车厢里走过来对同伴说，座位换好了马上过去。中年妇女的一句话，使方红霄蓦然醒悟。他立即压低嗓门对挨着大妈座位的几位旅客说："打扰一下，你们上车后有谁调换过座位号？"

连声问了几遍，一位抱孩子的妇女转过头来说："我原来在6号车厢，一个瘦瘦的小伙子说他的朋友也在6号，我就同他换了座位，来到了9号车。"方红霄听后又耐心地问："你原来的座号是多少？""好像是33号。对，就是33号。"那妇女肯定地说。方红霄带着战士冲进了6号车厢按图索骥，很快抓获了那个在老大妈菜筐里放海洛因的毒贩子。

当方红霄把贩毒分子带到老大妈面前时，老大妈说："就是他帮我买的车票。要不是你们抓住了这个坏家伙，我就是跳到江里也洗不清啊！"

列车将要开动时，老人从车窗伸出双手，拉住方红霄泣不成声，久

△ 方红霄在火车上排查

久不愿松开。方红霄掏出手绢，擦掉老人脸上的泪水说：
"大妈，您放心吧，我们在哨位上，就是要让旅客高兴，
让坏人害怕。我尽量不冤枉一个好人，但绝不会放过一个
坏人！"

方红霄在研究各种犯罪分子，犯罪分子也在研究方
红霄。一些犯罪分子通过暗中观察发现，执勤的武警官
兵大多是 20 来岁的青年人，对来往的女旅客例行检查时，
总是谦让有加，甚至有些难为情。这样的"发现"和"判
断"，是居心叵测者的阴鸷和良苦用心。

但是，对执勤战士来讲，若放她走，职责不允许；
若查不出什么来，麻烦事就多了，尤其是遇上那种泼妇
之类的女人，或是故意叫嚷让旅客围观，或是左撕右拉
让哨兵难堪。

忍受这种难堪，有时比跑 10 公里越野还难受。一次，
有一位年轻漂亮的女青年拎了两个皮箱，方红霄见她无
法接受检查，便上前帮她提皮箱。她呢? 也非常高兴，一
个劲儿地说"谢谢"，可到了"三品检查口"例行检查时，

她却翻脸不认人了。说："烦不烦啊，你们能不能省点事，别翻了行不行？"把例行检查理解成了"翻"她的东西！

结果例行检查之后果然是什么也没有查出来。当方红霄带着歉意准备送女青年上火车时，这女青年却一甩手说："你还是站着吧，别弄脏我的皮箱。"

就这么一刻钟的事儿，前后变化就这么大。理解，多么捉摸不透的字眼。方红霄望着拎着两个皮箱进站的女青年，心里真像打倒了五味瓶。

滋味儿再不好受，也得受。因为哨位不允许丝毫懈怠，职责也不允许稍有疏漏。犯罪分子正是看到了执勤哨兵的为难之处，才专门派年轻漂亮的女子来"闯关"，而且手段也越来越隐蔽，越来越高明。

1993 年 7 月 10 日晚上 9 点多，昆明开往上海的 80 次列车检票即将结束。这时，一位二十出头、标致动人的女孩提着墨绿色的手提箱向进站口跑来，好像是有备而来，没等方红霄提出检查的要求，便将箱子伸了过来说："快开车了，快点好吗？"

方红霄应着声立即进行检查，结果皮箱里没有任何

△ 在方红霄坚持排查下，终于将毒贩绳之以法

△ 忠诚卫士

可疑之物。他又看了女孩一眼，衣着简单入时，没有什么异样，便请她进站上车。

这女孩是最后一位接受检查的旅客。方红霄顿时感到一阵轻松，对站在一边的任小老说："这趟车开，咱就可以喘口气了。"说话间，方红霄又回头望了一眼已进站三五十步的女孩。那女孩提着皮箱，在站台灯光的映照下轻盈地走着，显得青春可人。

"班长，眼直了！"任小老跟方红霄开了个玩笑。

方红霄一摆手说："小任，我觉得这女孩双腿走起来有些不自然。"小任又俏皮一句："班长，你是不是看人家漂亮啊！"

"别瞎说，咱过去看一看。"说完和任小老三步并作两步追了上去。在距女孩六七步远时放慢了脚步，悄悄地尾随观察。小任低声说："班长，你说的没错，她的双腿是有点儿不对劲。"

方红霄接过话来："怪不得快开车了才跑过来，闹了半天是转移咱们的视线啊！"说话间，那位女孩就已经到了列车门口。方红霄喊了一声："小姐，请你等一下。"接着追上去说："请你到值班室去一下，只要几分钟时间，误不了车。"声调不容拒绝，少女幽怨地望着方红霄，就是不肯走。

任小老上来说："走吧，3分钟就回来，我们送你上车。"女孩见没有余地，只好随方红霄来到值班室。方红霄和小任耳语了几句，小任很快去找来了一名女保安员。在隔离间，女保安员从女孩的阴道内，搜出了用避孕套包裹的120克海洛因。

人赃俱获。女孩泪水涟涟地说："这是我男朋友让我带的，我根本不知道什么东西。"方红霄无奈地对她说："不管是谁让你带的，你可以不带，可是你既然带了，就得去派出所说清楚才能走。"

方红霄和小任把女孩带到派出所。根据这位女孩的口供，昆明铁路公安处经过周密侦察，一举破获了一个利用女人隐私处夹带毒品的犯罪团伙。

面对女性贩毒者数目的上升，方红霄想了很多：女人，特别是爱慕虚荣、追求享受的年轻女人，只有金钱才能

△ 火车站前广场出勤前向官兵提严查要求

满足她们日渐膨胀的欲壑。

⊕ 法不徇情

☆☆☆☆☆

　　1994 年 4 月 17 日上午 9 时 20 分，昆明开往重庆的 92 次特快列车开始检票进站时，一个背着红色书包的小女孩，流着泪走到方红霄面前，用一双小手拉着方红霄的衣角说："叔叔，我爸爸、妈妈不见了，我要妈妈! 我要爸爸!"

　　"是不是你爸爸、妈妈先进站了?"小女孩眨了眨眼睛，不敢肯定地望着方红霄。在车站遗失孩子，这是很普通的事，方红霄遇到的多了。按过去的做法，一是广播找人，二是领着孩子寻查。但无论怎样找，首先要弄清孩子叫什么名字、在哪儿住、爸爸妈妈叫什么名字。只有掌握了这些最基本的情况，才好寻找。

　　方红霄把小女孩领到了执勤室。经过耐心诱导，才弄清楚小女孩叫李小燕，只有 8 岁，刚上小学二年级。小燕的爸爸叫李庭国，妈妈叫吕萍，都在本市工作。小燕听爸爸对妈妈说："这次到重庆，要挣大钱。"

　　方红霄说："大人说话你又听不懂，以后不要听大人说话了，好吗?"

　　小燕一听，又对方红霄说："叔叔，我爸爸妈妈是不是不要我了?"

　　"那哪能呢! 你这么乖，又这么漂亮，爸爸妈妈

△ 不仅执勤打击犯罪，还提倡为旅客服务做好事

肯定喜欢你！"

"那为什么妈妈对爸爸说，就可怜我了呢？"

方红霄心头一震，急忙问："妈妈什么时候说的？"

小燕说："昨天晚上妈妈给我洗完澡，亲口对爸爸说的。"

方红霄突然意识到可能是"弃婴"。这种遗弃女孩的事在车站时有发生。想到这儿，方红霄又问小燕："小燕子，你今天早晨起床后，是谁给你穿衣服的呢？"

"是妈妈。"

"那么书包是谁给背上的呢？"

"是爸爸。"

"我能看看你的书包吗？"

"叔叔，你看吧！"

方红霄接过书包，从里到外反复查了几遍，什么也没有发现。这时，他发现小燕的铅笔盒十分精美，拿出来打开一看，只见一尺长的铅笔盒内，塞了一个装得满满的白色粉状的塑料袋。

方红霄的大脑立时"嗡"的一声响——又是毒品！

于是，方红霄把铅笔盒合上放进书包后，更温和地对小燕说："小燕子，你刚才怎么和爸爸妈妈离散的？他们走时没说什么吗？"

小燕说："妈妈说爸爸先进站了，让我赶快进站找爸爸，妈妈买完方便面就来。"

方红霄已经断定是一起利用儿童夹带毒品案。但是，既不能用广播找人，也不能带孩子寻查，只能让孩子自己去找，然后尾随而至……

于是，他一边轻声地对小燕说："小燕子，你爸爸妈妈说不定在车门口等你呢，你赶快去找吧，车马上就要开了。千万别误了上车，那就见不到爸爸妈妈了。"

说话间，离开车已经只有六七分钟了，方红霄对小燕说："小燕子，你赶快先去找，叔叔换件衣服，就在后面跟着你，绝不会把你弄丢的！"小燕这才出门，向站台跑去。

其实，小燕的父母早已经进站了。他们原以为男人开路女人殿后，让孩子带毒从中间走，前后都可以照应。没想到进站后，却怎么也找不到孩子了。两口子既怕孩子

△ 现场查验可疑行李

带毒泄露，又怕孩子被人拐骗，便分头在进站口和站台上寻找。

小燕的爸爸一见小燕从进站口走来，便急忙冲了上来喊道："小燕! 小燕! 你跑到哪野去了，让爸爸妈妈到处找你! "

小燕一见爸爸，"哇"的一声哭了。不远处的妈妈见了，急忙跑过来，一把从小燕爸爸的手中抢过孩子，不住安慰着小燕子，"不哭了! 不哭了，是爸爸妈妈不好! "

这一幕，站在不远处的方红霄看得清清楚楚。

"抓，还是不抓? "

方红霄站在那里，犹豫着、矛盾着、思索着……

如果抓，就意味着这个家庭的彻底解体;如果不抓，不仅仅是失职，更意味着无数个家庭将被毒品葬送。

"抓，还是不抓? "

方红霄的泪水像断了线的珠子，一个劲地向下落。他回身望了一眼，看到冉伟和陈刚已向他走来，便忍住泪水，果断地向他们打了一个手势。

冉伟、陈刚立即冲上前去，将夫妻俩擒住。做完这一切后，方红霄走上前去，将小燕包里的铅笔盒掏出，从中将那一袋海洛因取出，然后对小燕的父母说："你们不配为人父母! "说着，将小燕抱在了自己的怀里……

"妈妈! 爸爸! "

小燕一看爸爸妈妈都被抓起来，立时就哭叫起来。方红霄伸手抱起小燕子，泪水如涌泉般洒落……

妈妈! ……

爸爸! ……

这呼唤揪的不仅是方红霄的心，也是天下所有父母的心啊!

放在小燕铅笔盒内的海洛因一共 200 克。

小燕的爸爸妈妈触犯了极刑，那么孩子怎么办呢?

这是摆在千万个家庭面前的一个现实而沉重的问号!

瞬间生死

持续一小时的追捕

★★★★★

多少年后，那片盛开三色花朵的山峦高岗，被人类冠上了臭名昭著的名字——金三角。

美国入侵印度支那时期，金三角在美国兵的怂恿下，生产的大量鸦片、吗啡等毒品流往西方国家和世界各个角落，并由此成了名副其实的"鸦片王国"。

从 20 世纪 60 年代到 80 年代，仅仅隔了十多年，毒品的狂猛恣肆，已危及南中国了。毗邻金三角地区的我国广西、云南两省，很快成了国际贩毒分子瞄准的目标。一个首先从云南西双版纳、思茅、瑞丽、德宏打开"白色通道"的计划，频频出现在贩毒分子的记事本上。因为金三角的毒品，一进入云南，就有可能被转道运往香港，而后由香港散入世界各地。

贩毒分子无所不用其极地通过各种手段携带毒品，以十倍的谨慎和百倍的疯狂，逃避检查，继而北上、东进、南下。

毒品入侵与反入侵，缉毒与反缉毒的斗争一开始就充满血与火、正义与邪恶、冰与炭的生死较量。

布依、布郎二兄弟，就是在昆明火车站"翻船"的，随身携带的 1800 多克海洛因被缴获。

1994 年 2 月，正是川西北阿坝高原采冬虫夏草的黄金季节。生长于山乡，没见过多少大世面，但却久历高原风雪，一身剽悍体魄的布依、布郎兄弟，加入到采挖山药的队伍中。

这布依、布郎，是一对孪生兄弟，老大布依粗壮高大，1.80米的个头，一双大眼颇显几分狡黠，长了一脸络腮胡子。老二布郎也粗壮结实，但个头仅有1.65米，眼睛细小，斜着往上翘，给人以刁蛮之感。兄弟苦熬十多天，采出足足近一斤虫草。

然而，收药材的药贩子一再压价，成色好且硕大的虫草，价钱跌得快赶上了川贝母的价。老大布依一拍大腿说："我们冒险吧！"

于是，他们回家找亲戚朋友借了些路费，带着虫草上路了。长途汽车走在崎岖山路上，一路颠簸，傍晚时分，他们到了成都火车站。兄弟俩在广场的小吃店里买了碗担担面下肚，就上了成都开往昆明的列车。

列车在成昆线上疾驰，进隧洞和出隧洞所发出的呼啸与尖厉之声，搅得布依、布郎兄弟俩心绪不宁。这时，一股香烟轻悠悠飘进了他俩的鼻孔，布郎抬头一看，对面座位上一个大约四十五六岁、西装革履的"大背头"指夹烟卷，正朝他俩微笑。他俩也想掏出烟卷抽一根，但两根低廉的"春城"牌烟还未点着，一只缀着大号宝石戒指的手夹着一个精致的烟盒递过来："两位兄弟，抽我的。"布依抬眼仔细看了看"大背头"，觉得对方并无敌意，就故作镇定地伸手取了两根烟，递给布郎一根。未等他们掏火柴点烟，对方已按着一把"手枪"打火机。布依、布郎兄弟身居阿坝高原，此生从未见过如此美妙的玩意儿，心中不由生出几分窘迫和自卑，"大背头"点烟时，他们凑上去，烟却一个劲颤抖。

一股从未有过的敬羡，随着高档香烟的雾气，在布依、布郎心头翻卷飘忽。布郎心说，狗日烟太好抽了，一股香甜的感觉沁人心脾。他猛吸一口，烟已燃下去一大截。

"大背头"吹了一下指间的烟灰说："两位兄弟，到南方发财哟？"

布依赶忙接上去："跟您不能比，我们是小本生意。"

"好！好！不用急，慢慢来，钱这个东西，挣起来就像滚雪球，会越滚越大，越滚越大。""大背头"说到真切处，竟动手比画起来。

"老板到南方也是发财的吧？"布郎插话。

"是啊，南方与北方不同，南方挣钱的机会多，来钱快的事多啦。"

布依、布郎兄弟被"大背头"这一路天花乱坠的神侃，侃得如入五里雾中，不知不觉间，他们与"大背头"老板一起，将那盒精致香烟抽了个精光。"大背头"很大方地又从他的皮包里掏出几盒烟来，随手丢给布依、布郎，直说："拿去抽吧，拿去抽吧！"

不知不觉间，列车到了昆明火车站。

下车时，"大背头"左手拎着老板包，右手拎着一只黑色皮包，显得很吃力。布依、布郎兄弟见状急忙上前帮"大背头"往外提，"大背头"紧随其后。

到了出站口，检票的站务人员并没有在意。他们很快顺利出站。"大背头"对布依、布郎兄弟说："你们的这点药材，包在我身上，我保证不出旅馆，就能出手。"

布依、布郎兄弟急忙道谢："感谢大哥！以后有用得着兄弟的地方，招呼一声，我们这身力气全给你！"

"大背头"双眼眯成了一条缝，一丝不易察觉的得意从脸上迅速划过。

布依、布郎随"大背头"来到一个旅馆住下。果然不到两天光景，带来的一斤多虫草卖了个从来没有的好价钱。布依、布郎兄弟俩第一次看到这么多钱，对"大背头"的感激无法言表。

傍晚时分，哥俩敲开了"大背头"的房门。仅穿着一件三角裤头的"大背头"开门后，布依、布郎兄弟被眼前的一切惊呆了。只见"大背头"的床上，躺着一个一丝不挂的女人。布依、布郎兄弟不知所措，正想拔腿离开，"大背头"发话了："两位兄弟，这位是我的表妹。"女人只是面带微笑地欠了欠身子，顺势斜倚在枕边。

"大背头"又向女人一摊手说："自家兄弟，火车上认识的，是能成大事的兄弟。"说完哈哈大笑起来。

面前是一列长沙发，布依、布郎挨了半个屁股尖坐下来。说话间，那床上的女人已整好衣袖，一边沏茶倒水地殷勤起来。喝完一杯茶，他们来到一个高档风味饭店。酒肉穿肠，一片云遮雾罩。颠三倒四地回到住处，布依、布郎兄弟头脑一片空白，片刻工夫，已鼾声如雷。

一觉醒来，已是第二天日挂正午，兄弟俩口干舌燥，浑身轻飘，浮躁不安，好在"大背头"的女人，又给他俩各端来一杯酽茶。哥俩口沾酽茶，精神顿时好了许多。这时，"大背头"来到他们的房间说："哟，昨天咱哥们光顾了喝酒，忘了介绍我表妹，她叫白蝴蝶，既会做生意，又会理家财。"

白蝴蝶为他们倒水，"大背头"来回踱着步，说："要是跟我干，保准有你们吃享不尽的富贵，乐要不完的女人。"布依、布郎兄弟仍然"醉意"十分，强睁开双眼说："老板，你要我们兄弟跟你干些啥？"

"大背头"一挑眉眼说道："白粉你们还不知道吧，这东西一本万利，能赚大钱。"

布依于昏昏欲睡中听到这话，情知中了别人的邪道。他强撑住身子，想站起来，一拳打碎"大背头"的鼻梁骨。可是，还未站起来，身子一软，又跌在了沙发上。一旁的布郎，也一个劲口吐涎沫，如一堆烂泥。

其实，布依的直觉没有假，他兄弟俩是中了别人的邪道。当初在列车上给他俩的烟里，就含着毒品，后来在"大背头"的授意下，白蝴蝶给他俩沏的茶水，是极易使人成瘾的放了毒品的茶。现在，兄弟俩即使有浑身解数，也无济于事了。

白蝴蝶又端来两杯茶，口中说是解"酒"的，但此时并没有喝酒的布依、布郎兄弟很需要。

茶水下肚，布依、布郎来了精神，布依狠狠地打了白蝴蝶一记耳光，又一下子扑上来使一招黑虎掏心，要除掉"大背头"。"大背头"不紧不慢地将他打来的拳抓住，口气平和地说："你们已经中了毒，除了我谁给你们供'茶'呢？！"

布依、布郎向"大背头"要解药,"大背头"说解药就是毒品,解药就是与他拴在一条绳上贩毒。

当天晚上,布依把自己的想法告诉弟弟布郎,准备趁夜深人静,神不觉鬼不知逃离旅馆,带上钱远走高飞,摆脱"大背头"的控制。

一切准备都在若无其事中暗地里进行。晚上,兄弟俩倚墙细听,没有任何动静,便决定出门。哥哥布依前脚踏出门,来到楼梯边,一回头发现弟弟布郎不见了。原来,布郎刚要出门,毒瘾就发作了,仆于地上,痛苦不已。布依返身回房间,安慰痛不欲生的弟弟。

不知何时,白蝴蝶出现在门口,手里捧着一杯"茶",敲门走了进来。血气直上胸头的布依一拳将白蝴蝶手中的杯子打翻,"茶"水和着碎玻璃碴洒了一地。这时,布依的毒瘾也犯了。

白蝴蝶朝布依疯了一样乱抓乱舞的胳膊狠击几掌,转身而去。

……

布依、布郎兄弟成了"大背头"的俘虏。

"大背头"朗声狞笑,切齿喊道:"老子不相信过不了你当兵的关,哼!这一回天让老子成大事,非捞足失去的血本不可!"

"大背头"所说的"当兵的",就是方红霄和他的战友们。两年前,"大背头"苦心孤诣地挤进贩卖毒品的黑道,与毒贩子们争食起毒品这碗饭。先是自己尝试带毒,迫于车站口执勤的武警官兵,几次来到检票口,都没有冲关的勇气,只好将毒品藏进了冲水马桶的水箱。之后,只好收买一个流浪街头的叫花子,并给他一枚手雷为其壮胆。"大背头"却神秘地扮装成普通旅客,远远地跟随在叫花子后边。他的险恶用心是很明确的,叫花子冲关成功,他就在火车上接过毒品,拿到广州成倍地赚钱;如果叫花子失手,被车站口执勤的武警官兵查住,他就会消失得无影无踪。然而,那次闯关失手,叫花子丢了性命。"大背头"深知武警不好对付,但不甘心失败。他为自己能在贩毒黑道上站住脚,进行了更加周密、而且不惜血本的策划,变本加厉地疯狂贩毒。

"大背头"同布依、布郎在相处了半个月后,终于决定让布依、布郎兄弟闯关。

　　昆明的天空刚下着新雨。在一家旅馆里，白蝴蝶浪声浪语地教布依、布郎兄弟如此这般地实施计划。

　　三天后，善于掐指头卜卦的白蝴蝶，认为出门的黄道吉日已到，招呼着布依、布郎兄弟，登上了昆明至西双版纳的长途公共汽车。

　　五天后，这三个男女神秘地出现在西双版纳的景洪市区，继而又出现在边境线丛林地带。白蝴蝶与布依假扮夫妻，布郎则担当保镖和跟帮。他们一忽儿在丛林中野合交欢，一忽儿又像模像样出现在集镇餐馆。今生尚未沾过女人的布依、布郎兄弟，发出阵阵窃喜。

　　八天后，斥资将3000克毒品轻而易举弄到了手。

　　在一个县城宾馆，他们分工，每人各携一份，计1000克，往昆明带。布依、布郎到商场各买了一件宽大的风衣，塞进提包，以备不测。白蝴蝶却到路边一家私人药店，买了几打男用卫生套。

毒品全部以各种手段很快被伪藏起来。布依、布郎将当初老板给他们的铜质烟盒塞满了毒品，又用胶带在大腿内侧各绑了一块经过防水包裹处理的毒品。白蝴蝶发挥女人特有的长处，将海洛因装进卫生套内，再装入下身。

这一切干完后，由白蝴蝶重新卜卦，选择动身时机。

狡猾的布依、布郎转道峨山到了玉溪市，买上了玉溪始发到昆明的车票。

公共汽车上，兄弟俩做着到昆明发迹的美梦。晚上9点多钟，才到昆明长途汽车站。

布依、布郎兄弟二人马不停蹄地直往"大背头"住地旅馆赶去，到旅馆一问，方知老板"大背头"早已离开此地。只有一暗语留言写道："兄弟，先到广州吧，再见！"

兄弟二人一脸的茫然。他们经过商量，决定换个旅社休整一下再说。就沿着一条不宽的街道，就近住在火车站边上的一个旅馆里。

也许布依、布郎太过自负，也许他们太相信自己逢凶化吉、遇难呈祥的运气了。他们身藏毒品，再次涉险，企图侥幸进火车站，乘昆明到广州的166次列车南下。

这天上午11点，昆明开往广州的166次列车开始检票进站。

远远地，一高一矮两名身着黑色风衣的小伙子夹杂在检票人群中，走向进站口。这两人正是布依、布郎兄弟。作为班长，方红霄当班带着战士靳红春、李明、孔翔分两组在检票口一侧，熟练地对进站旅客行李物品进行检查。轮到布依、布郎检查时，两人装出大摇大摆的样子往前走。在距检票口不远处布郎表现出莫名的胆怯，极不自然地愣了一下神，还弄巧成拙地打了个喷嚏。方红霄抬眼一看，走在前面的大个子一副满不在乎的样子，跟在后面的小个子不停地东张西望。细心的方红霄立即疑窦丛生。心想，时下昆明的气温已经不低了，这两人为什么还穿着风衣？于是，就暗暗地盯上了布依、布郎兄弟。

检票口前，布依、布郎兄弟首先遇到了车站保安员的查问，两人既不搭理又不吭声，扬着头直往站里走。方红霄看在眼里，箭步冲上去拦住布依、布郎说道："两位先生，请出示身份证。"言语不温不火，却坚定如铁。

布依一见方红霄，马上感到是领兵的"头儿"。于是，故意气哼哼地说："坐火车还查啥子身份证，我走南闯北还从没见人看我的身份证！"

可是，遇事总爱较真的方红霄，并没有轻易放他们的意思："查身份证是车站的执勤规定，是对旅客生命财产安全负责。"

布依、布郎见方红霄如此较真，极不愿意地掏出身份证递过来。方红霄看完身份证，把布郎叫到一边，让他解开风衣进一步接受检查。跟在布郎身旁的布依见事情不妙，突然从怀里抽出一把长刀，不由分说就向方红霄的头部劈来。"班长，快躲开！"方红霄听到李明大喊，立即转身，在闪身的同时挥手向上一挡，只听"咔嚓"一声，手表壳玻璃被砍成两半，长刀刀尖划进了手腕，鲜血一下子流出来。小个子布郎见状，撒腿就跑。

检票口顿时乱了，旅客们纷纷躲闪退避。检票员迅速关上了进站口的铁栏杆门。布依、布郎兄弟见无路可逃，没命地翻过铁栏杆窜进车站广场。

这时，李明与另外两名战士挤开慌乱的人群，冲了过来。方红霄朝李明大喊一声："有海洛因，快跟我追！"说话间，方红霄飞过栏杆，追到候车大厅外，分秒之间，一把揪住了布依的风衣，使出身手夺刀。布依反手就是一刀，直捅方红霄下腹，方红霄闪身躲过，结果被布依挣脱了。

赶上来的靳红春见布依想逃，施展平时练就的全副武装越野硬功，追上去使出腰带擒敌术，照准布依的头，就是一腰带。布依狂怒起来，转过身抢刀左右乱砍，想掩护布郎逃跑。方红霄和战友们一齐攻击，布依无心恋战，扭头再逃。

方红霄与战友们边追边打，不给两个恶徒喘息之机。布依、布郎被逼到了车站行李房后的一个小巷子里。小个子布郎鼠窜中急忙从怀里摸出一块海洛因，用刀子割破包装，边跑边向地上洒扔，企图销毁罪证。小巷里，摆地摊的、过往的人很多，两个急红了眼的家伙，一旦劫持人质滥杀无辜，后果将不堪设想。

　　方红霄意识到了事态的严重性，当即命令战士孔翔疏散群众，自己紧追恶徒不放。

　　巷子里顿时乱成一团。一位卖水果的老大妈被布郎推倒，水果滚了一地，气得大妈朝恶徒的背影直骂。见方红霄追了上来，大妈喊："好样的，赶快追，抓住强盗！"说着，顺手递给方红霄一根扁担，战士李明也从地上捡起了一根木棒，继续往前追。

　　追到铁路大修队的院子里，两个家伙互相打了个手势，分头向两个方向逃窜，方红霄和战友们分成两个小组分头追击。

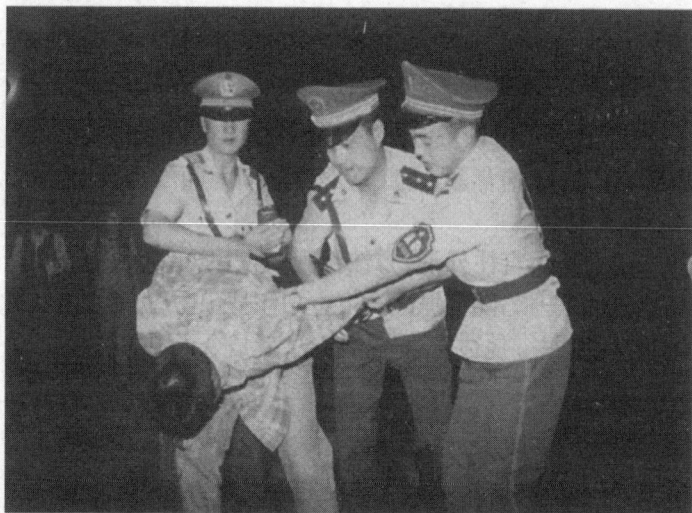

△　方红霄与战友们将恶徒制服

布依很快被逼进了一个铁路涵洞里。布依见前路被拦，后路遭堵，便咬牙切齿地举刀刺破自己的手腕，扯着嗓子大喊："我不想活了，你们不想活就上来吧！"

涵洞的光线昏暗，疯狂的布依叫喊着向方红霄扑来，将刀抡得呼呼作响，阴风嗖嗖。方红霄挥起扁担相迎，你来我往，杀作一团。几个回合下来，布依见难以取胜，运足力气一刀下来，方红霄手里的扁担被砍成两截。再看布依，长刀崩了大豁口，元气大伤。当布依咬牙再次举刀扑来时，动作缓慢了许多，方红霄就势一蹲，举起半截扁担，朝布依的右手狠狠打过去，布依惨叫一声，长刀被击落在地。

方红霄和李明几乎同时猛扑上去，几记拳脚，将布依打翻在地，用绳子捆了个结实，交给了闻讯赶来的车站派出所民警张继才。接着，他们又朝布郎逃跑的方向追去。

当方红霄和李明追上来时，身材粗壮矮小的布郎，已被靳红春和孔翔围在一个建筑工地的二层工棚上。方红霄立即攀上工棚，从后面包抄。布郎听到身后有动静，急忙回头，见是方红霄上来了，情知难以抵挡，胡乱朝靳红春、孔翔虚晃几刀，不要命地从二层工棚顶部跳了下去，向盘龙江方向逃窜。方红霄眼见布郎没命狂奔，奋不顾身从工棚上跳了下去。

没想到，他的右脚踩在一块施工废弃的木板上，一颗钉子扎穿鞋底刺进脚心透过了脚背，顿时疼得他坐在了地上。看到布郎逃窜的背影，方红霄忍住疼痛大叫一声，猛力拔出铁钉。

脚上鲜血直往外涌，方红霄眼前发黑，大颗的冷汗滚落衣衫。他心一横，随手抓起一把土扣住脚背伤口，爬起来疯了一般追了上去。他边跑边告诫自己，就是今天毁了这只脚，也要把这个害群之马捉住。

追到盘龙江边，方红霄见布郎正在拼命朝对岸游。盘龙江对岸，是条大马路，如果让布郎过了江，再抓就难了。于是，方红霄纵身跳入水中，奋力划水前追。冰凉的江水浸进伤口，疼得他双眼发黑，右脚伸不直使不上劲，就用左脚单脚蹬水，拼力缩短与布郎的距离。

凭着从小在洞庭湖边长大的好水性，方红霄很快就追了上去。快接近布郎时，他一个猛子扎入水下，潜到布郎身后突然跃出水面，左手卡住布郎的脖子，右手朝布郎的头部猛击几拳，布郎还未回过神来，就呛了几口水，长刀也掉进了水里。这时，李明、靳红春也游了过来，一起把布郎拖上岸，送交到车站派出所。

这次追捕持续近一个小时，从布郎、布依身上缴获海洛因1800克，这可不是一个小数字。

看着这么多的海洛因，方红霄不由慨叹，这些毒品要是疏散到社会上，又不知会有多少人被毒害。

回到中队，浑身湿透的方红霄右脚伤口已严重感染红肿，与鞋子沾在一起难以脱下。战友们只好用剪刀将鞋子剪破，脚才得以解脱。连续好几天，方红霄高烧39℃不退，战友们实在看不下去，硬是将他架着送到了医院。

方红霄住院后，医院的医生听了他的事迹，反映给院

△ 方红霄接受媒体采访

领导；院领导十分感动，亲自前来看望，并号召全院医护人员向方红霄学习；社会各界从新闻媒体中得知方红霄的故事，也纷纷到医院看望，鲜花摆满了病房。医院领导还亲自来为方红霄打针换药。

方红霄躺在病床上，感激地流下了眼泪。刚到医院没几天，远在湖南岳阳老家的父母，也从电视上看到了方红霄缉毒负伤的消息。老两口放心不下，就决定乘火车、倒汽车，一路颠簸地来到昆明看望儿了。一进病房，老两口扑向自己的儿子。母亲见方红霄脚上缠着纱布，以为是腿断了，马上心疼地抽泣起来。老人边哭边说："伢子，你要是有个三长两短，可叫妈咋办呀？"妈妈一哭，方红霄也忍不住鼻子一酸，眼泪涌了出来。但他很快调整情绪，边给妈妈擦眼泪边安慰说："你伢子命长得很，即使死了，也要换几条毒贩子的命。"

父亲方托献红着眼圈一边安慰老伴，一边对儿子方红霄说："儿子，你做得对。我们家虽说祖祖辈辈是种田人，当兵保国的道理还晓得，不要说少只胳膊断条腿，就是把命豁上了，也值得。"

一个月后，伤愈出院的方红霄得知，布依、布郎被捕后，公安机关根据审讯得来的线索，破获了一个团伙贩毒案。那个神秘的"大背头"，也在公安机关的侦破连锁战中，伏法于广州城郊。

⟶ 毒品不除，战斗不已

★★★★★

　　重新走上执勤工作岗位的方红霄深知，身在火车站，只要毒品一天不根除，战斗，就不会有穷期，真正的考验还在后面。

　　在厚厚的一本执勤日记簿上，方红霄和战友们同犯罪分子斗争的故事又映入了我们的眼帘。

　　方红霄好不容易有了一个难得的星期天。他本来准备到新华书店去买些民族风情方面的书籍。刚要出门，一起从岳阳老家入伍的老乡宋湘宁、谭润飞、彭伟前来找他叙旧。几个人无拘无束地聊了起来，话题自然是有关打击毒品犯罪的事。刚刚参与执行公判、处决贩毒现场执勤的宋湘宁、谭润飞、彭伟聊得兴起，讲起了自己的感受，说在宣判处决即将押赴刑场的毒犯中，约有四分之一以上是女性，而且都是年轻美丽得像罂粟花一样的女性。她们在执行死刑前，都进行了最后一次作女儿的梳妆，头发一丝不乱，全是清一色的新运动衣裤。如果不是胳膊上绑着绳索，人们还真以为她们要去郊游呢，根本不像是毒品犯。方红霄听了，一言不发，联想到在执勤中与女性犯罪分子打交道的一幕幕，他感到心情很沉重。这些青年女性犯罪者，在犯罪的同时又变成了毒品的第一受

害者。

星期一上午 8 点,方红霄带着李天喜,阔步走向"三品"检查口执勤。刚到哨位,就遇一名 20 多岁的女青年神色慌张地向入站口走来。方红霄迎上前,先把她的皮包检查了一遍,没有发现什么可疑物。

为什么她神色慌张,显出焦躁不安呢? 方红霄脑子里迅速设问。本来,他自己也不愿看到好端端的一个良家女性走向犯罪,但他的职责又是打击犯罪,决不能放过任何一个犯罪分子。

方红霄眉头紧皱,再看看姑娘不安的神情,他当即断定,这姑娘身上肯定有问题。也许,她是个首次被毒品侵害而走上贩毒道路的姑娘呢。

"对不起,你得等一等,跟我们去检查。"方红霄说。

姑娘说:"你们不是看过包了吗,检查什么?"

方红霄说:"接受检查,是为了广大旅客的人身安全,每一个旅客都应当配合。"

在去站务检查室的路上，女青年哭了起来。在站务人员的协助下，很快从女青年的隐私处搜出170克海洛因。

方红霄知道，女性贩毒大多是团伙作案。接着，他又继续对女青年进行政策攻心，女青年的心理防线彻底崩溃了，供出同伙已带了部分毒品先上了166次列车。

方红霄抬起手腕看表，距166次列车发车时间还有10分钟，他立即和李天喜冲进了站台。

当检查到14车厢与15车厢中间连接部位时，一个留大背头的男青年在抽烟，见他们走来，双手紧张地插进了裤兜。

"先生，请把你的手拿出来。"方红霄已经看出这个男青年的身高体型和衣着打扮，跟女毒贩交代的不差上下。

男青年看似乖顺地慢慢地抽手，人却猛地朝方红霄扑过来，右手一道寒光划出，方红霄就势一闪，接着左掌横扫其肋部，那道寒光猝然落地。男青年猛力将右手抽回，退步闪身避开方红霄，唰地又从身后抽出一把菜刀，

△ 检查——不放过一点蛛丝马迹

▷ 英气勃发的英雄方红霄

向方红霄头部砍过来。菜刀几乎贴着方红霄的耳边飞过，重重地砍在了车门铁扶手上，溅出一团火花。

男青年用力太猛，身体失去了重心。方红霄趁势朝男青年的后脑勺猛击一肘，男青年嚎叫着应声倒地。李天喜迅速将其铐住，从他身上搜出海洛因 270 克。方红霄和李天喜押着毒贩子刚下车，车轮就缓缓滚动。

晚上 8 点多钟，中队的电话铃急促地响起来。

原来，逃犯柳建荣窜到车站广场的一辆长途夜班车上再次行凶，将两名旅客砍成重伤，又把前来制止的一名公安干警砍伤，持刀要挟司机开车。

已经下哨的方红霄正在中队打水洗漱，勤务值班室电话铃响了。他拿起听筒，传来一个气喘吁吁的声音："武警同志，广场的夜班车上杀人啦。"方红霄挂断电话，立即带领 7 名战士拿着盾牌赶到了现场。

只见凶犯把守着车门，拉开你死我活的架势，车内旅客一片恐慌。

方红霄和车站派出所所长隐蔽接近车门喊话："你已经被包围了，赶快放下凶器，争取宽大处理！"这时，一名防暴队员冲上去鸣枪警告，那逃犯不但不放下砍刀，反而一脚撞开车门狂叫："反正都是死路，跟你们拼了！"说着，举刀劈向防暴队员。由于视线不良，防暴队员在躲闪中被砍伤，鲜血直流。当凶犯再次劈向防暴队员时，方红霄用力将防暴队员拉回身后，同时就势一蹲，举起盾牌挡过去，逃犯一刀下来，盾牌被砍裂。

在场的公安民警和围观群众都惊叫起来，以为方红霄被砍中了。的确，要不是这块盾牌方红霄的生死还真不好说。没等逃犯从盾牌上抽出砍刀，方红霄就一跃而起，用警棍突击逃犯头部，逃犯"哎哟"一声栽倒在车内，被彻底制服。灯火辉煌的广场，很快恢复了往日的宁静，离去的夜班车连连鸣笛示敬，乘客们也一齐挥手致意。

10月的一天上午，昆明火车站广场人声鼎沸、车水马

△ 方红霄正在仔细盘查每一个可疑的人

△ 夜晚方红霄正带领战士们进站上岗检查

龙。

方红霄和几个战士正在与火车站广场一墙之隔的中队食堂里急匆匆地吃饭，争取提前上岗。

广播里传来播音员柔美的声音："从昆明开往广州的166次特快列车就要开车了，请旅客们带好自己的行李物品，检票后在2站台上车。"检票口不远处，方红霄和战士唐清剑佩戴执勤臂章，全副武装地站在"三品"检查处，警惕地注视着每一个即将进站的旅客。

距发车还有5分钟时，一个背绿色背包的男青年气喘吁吁地朝检票口跑过来。见来者一副惶恐不安的样子，方红霄轻声告诉战士唐清剑："这个可能有问题，注意仔细检查。"

"同志，请你接受安全检查。"一听安全检查，来人先是惊讶，马上又镇静下来，满不在乎地说："我一个打工仔，包里都是些破烂衣服。"唐清剑边说边开始仔细检查其背包，除几件衣服外，没有发现可疑物品。

男青年赶忙弯下腰去提背包。就在他弯腰的瞬间，一直站在身后不动声色的方红霄细心地看出了破绽："这人身体虽然瘦弱，两臂腋下却有些鼓。"

方红霄抬手向其腋下摸去。

"有毒品！"方红霄大吼一声。

惊恐之间，男青年抢起包用力向方红霄砸过来，并一把推开唐清剑向站台冲去，方红霄和唐清剑奋力追了上去。这时，火车汽笛已鸣响，将要启动。狡猾的毒犯孤注一掷，做出了不可思议的冒险，竟然像兔子一样窜进车底。将一切安危置之度外的方红霄和唐清剑毫不犹豫地紧跟着跳下站台，直扑车底。由于惯性太大，方红霄的前额重重地撞在列车底盘横梁上，两眼直冒金星。他忍着疼痛钻进车体，和唐清剑紧追不舍，将毒贩子困在站台后的一段围墙下，无路可逃了。毒贩子俯身拾起一块半截砖头，困兽犹斗，吼叫着："别过来，过来，我砸死你！"方红霄解下腰带冲上去，一阵勇猛的闪躲抽扫，将毒贩子手中的砖头打掉，紧接着一个绊腿扼喉，将其摔翻在地。唐清剑很快冲上来用手铐铐住了毒贩子的双手，两人当场从其腋下搜出海洛因 1000 克。

汗血教场

➡ 孩儿立志出乡关

★★★★★

　　那位谪守巴陵的腾子京，那位政通人和的太平天日下的范仲淹，那句讴歌当世脱口而出的震古烁今的吟哦，感染了从古及今的多少志士仁人，又使多少布衣百姓满填匹夫之责在胸。

　　"先天下之忧而忧，后天下之乐而乐。"

　　1970年金秋，方红霄就出生在这个诞生名句的地方——湖南省岳阳市君山区许市镇的一个普通农家。

　　大约9岁的时候，班主任吴老师开始教同学们背诵古人的名篇佳句。"先天下之忧而忧，后天下之乐而乐"，"人生自古谁无死，留取丹心照汗青"，《子夜吴歌》、《塞下曲》、《广陵歌》、《凉州曲》等等爱国诗篇，深深地印在了方红霄幼小的心田。

　　为了培养学生的爱国志向，吴老师带领全班同学乘20多公里的汽车，再转乘渡轮，横穿茫茫洞庭水，来到岳阳楼，让孩子们亲自体会《岳阳楼记》中描写的佳句。站在几经战火焚毁而复修的岳阳楼顶，扶栏眺望，八百里洞庭碧波翻卷，鸥鸟在水天间旋飞，远处被浩渺碧水环绕的君山，影影绰绰，宛如画屏。

　　"先天下之忧而忧，后天下之乐而乐"的名句，在方红霄的耳畔回响。

吴老师给同学们讲《岳阳楼记》的作者范仲淹赤心报国的传奇人生，讲英雄模范人物从小立志的故事。方红霄听得入了迷。

　　回到家里，方红霄把自己到岳阳楼的感受和自己立志当兵报国的想法告诉父亲方托献。父亲说："孩子，当兵保国没错，战争来了，动员征兵，做父亲的照样不能例外。"方红霄点了点头。父亲接着说："你要好好学本事，把书念好，长大了，爸爸支持你。"方红霄高兴极了。

　　村子里有练武习艺的，方红霄上学之余，经常利用空闲前去观看。一天，回到家里，方红霄告诉父亲："爹，我想学武术。"父亲沉思了好大一会儿说："练武对身体好，

△ 9岁时的方红霄（左一）

我赞成，只是不能耽误功课。"

读中学的三年间，方红霄一直没有间断练习武术。高考前夕，喜爱他的老师们让他报考体校，他却偷偷地在填写报考志愿的表格里，写了三所军校。

19岁那年，父亲方托献对方红霄说："伢子，你不是从小就想当兵吗，如今你已长大了，爹支持你当兵扛枪去！"

1990年春天，志在四方的方红霄报名参加了征兵体检。方红霄所在的村子是血吸虫病的重灾区，连续十几年参加征兵体检的没有一个合格的。没想到，方红霄样样都合格，加上英俊强悍，接兵连长当时就决定把方红霄接走。

许市镇的新兵都乘车到洞庭湖边集中，然后转乘轮渡到岳阳，从岳阳市统一上火车。

方红霄穿上橄榄绿，格外精神，胸前的大红花，格外鲜艳。轮渡上，放眼八百里洞庭水天一色，方红霄激情四溢，心涌波澜。望着渐渐远去的家乡的一草一木，方红霄想起了伟人毛泽东的诗句："孩儿立志出乡关，学不成名终不返，青山处处埋忠骨，马革裹尸永不还。"方红霄思考此去的戎马人生，意态万千。

→ 军营大熔炉

★★★★★

军列前进，笛鸣声声。彩云之南的云南，四季如春的昆明，接纳了一名湖南来的新兵。

距昆明市 30 多公里的武警云南总队二支队教导队，位于昆明东郊的黄龙山脚，是一座占地数百亩的制式军营。方红霄和众多的新兵，在这里开始了他们真正的军旅人生。

在一般人看来，军营应当是这样的概念：嘹亮的军号，整齐的步伐，挺拔的警姿。这些只是一个表象，里面其实还有更深一层的真东西。方红霄听开训动员的首长们说："军营就是一所大学校，就是一座大熔炉，在这里，学的是影响整个人生的本领，锤炼的是对任何艰难困苦的复杂环境都能适应的素质。"

方红霄还和新兵们一起，观看了一部教学片《西点军校女学员》。他很深切地理解了部队首长的良苦用心，也暗暗下定决心，迎接即将开始的艰苦锻炼，做一名合格的武警战士。

身在三排三班的方红霄，与战友们首先开始的，是基本队列的训练。

立正、稍息、停止间转法、三种步伐、敬礼，火热的生活给了他无穷的乐趣和施展能动性的机遇。方红霄暗暗憋足一股劲。晚上，熄灯号响过，战友们很

◁ 新入伍时的方红霄英气勃勃

快进入梦乡，他却瞪大眼睛，思前想后地睡不着。想着当初立志从戎，想着来队后部队首长对自己的关心，他写下了从军后的第一篇日记：

走过去，前面是个天。

——摘抄哲人诗句，与李林战友共勉
方红霄

队列训练很快结束了，擒敌技术的训练全面展开。

擒敌技术是方红霄的特长项目，他在训练中如鱼得水。基本套路清楚后，用了5个晚饭后的自由活动时间，到操场上揣摸练习。防上钩打、插裆扛摔、绊腿扼喉、掏裆砍颈……一招一式地练了不到一个星期，打起来便拳脚生风，在教导队300多名新兵中第一个出道，并获得了"擒敌能手"的美誉。

→ 新兵班长

☆☆☆☆☆

　　新兵训练如火如荼的当儿，一纸命令把方红霄所在的三班班长调去学汽车驾驶。

　　新兵连临时党支部反复研究，最后决定由新兵方红霄代理班长之职。

　　命令一宣布，方红霄有些始料不及。开始，他以为自己听错了，当得知消息准确无误时，他找到了排长，诉说了自己的一腔困惑。排长语重心长地对他说："代理班长，是组织对你的信任，你好好干，干部们都支持你。"

　　回到班里，他心绪不宁。"只要功夫深，铁杵磨成针"，"世上无难事，只怕有心人"，"天将降大任于斯人也，必先苦其心志，劳其筋骨……"哲人的话语像泉水一样涌上心来。开弓没有回头箭，干吧！干就干他个全力以赴，干就干他个轰轰烈烈。

　　方红霄成了兵头将尾，开始琢磨怎样当好代理班长。

　　教导队后边的一大片丘陵地带，就是战术训练场。训练开始后，方红霄带领全班战士前来训练。在做潜伏待敌的动作时，战士魏大春、宋国友脸上爬了好几只苍蝇，忍不住时，他们赶忙伸手去打。方红霄发现后，严肃地进行了批评教育，把他们叫到一边，按排

长给他提前讲授的要领，对小魏、小宋讲："捕歼战斗中，遇到的一般都是穷凶极恶的犯罪分子。而犯罪分子手中不是拿有武器，就是持有凶器，如果设伏人员遇到蚊蝇叮咬或别的干扰动辄就乱动乱窜，犯罪分子很可能对我进行伤害或者潜逃。"

以后的捕歼战术训练中，战士们在丛林地带碰上蚊蝇叮咬，没有一个人再用手去驱赶。

捕歼战术考核的这一天，全新兵连实行排、班对抗演练式考核。

连部提前组织勘察了路线。要求单兵每个课目考核中的战术动作不少于 10 个。卧倒、出枪、滚进、匍匐前进、坑道隐蔽、屈身跃进、利用地形射击……考核正在紧张激烈地进行着。

昆明的夏天，天气变幻无常，刚刚还是蓝天白云，一转脸就大雨瓢泼。

轮到方红霄应考时，不料闷雷滚过，雾遮山岚，雨像幔布样直袭而下，天气给他出了一道无字的考题。前几个动作方红霄做得还算顺利，可当他利用地形从坑道跃起时，脚下一滑，摔了一跤。大雨把方红霄一身迷彩服湿透沾在了身上，他屈身跃进时，又摔了一跤。远远地，大家看到方红霄的动作明显缓慢，持枪的右手臂与整个快速运动中的身体不协调。这时，雨中站立的三班战士们齐声呐喊："班长，加油！""班长，加油！"

方红霄心里清楚，地上红泥已成浆，每前进一步，都很吃力，总是力至而重心不稳，连连摔跤，持枪的右手肘磕在一块石头上，撕开了一大块皮，血已被雨水和汗水搅混了。在全班战士的"加油"声中，方红霄终于结束了全程考核。回到终点时，像从泥窖中捞出一样，只有双眼仍保持着原来的生气。

考核组当场宣布，三班平均成绩为优秀。话音未落，方红霄就和战士们抱作一团，哭了。

新兵训练终于结束了，方红霄所在的二班各科目考核成绩名列全连前茅。

方红霄名震新兵教导队，三班赢得了第一项荣誉——集体嘉奖。

→ 警卫大队

★★★★★

艰辛的训练日历刚翻完，分兵的日子紧跟着到来。

全体新兵人人怀里像揣着只兔子。不知机遇怎样向自己招手，更不知自己的火红青春将要在什么地方发光。种种猜测和想象，插上了飞扬的翅膀。活跃的新兵们，像一只只羽翼丰满、独立奋飞的鹰，盘旋着、追寻着自己的目标。

方红霄也和大伙儿一样憧憬着美好的未来。

一个周末的上午，警卫大队的领导率先前来新兵连挑人。新兵们有的在洗衣服，有的在看书，有的在写家信，有的在炊事班帮厨，有的在一起谈天说地。

过了一会儿，通信员叫方红霄到队部去。当时，方红霄正在给家里写信，放下笔就随通信员到了队部。警卫大队的领导仔细看了看他的身体相貌，问了些一般常识，就让他回班上去了。

回到班上，战友们一下子将方红霄围住了，问这问那，个个一脸的复杂表情。方红霄对大家说，不管分到什么地方，工作单位并不重要，重要的是在本职工作中做出成绩，不愧对家乡父老，不愧对一身警服。

三天后，新训教导队分兵的日子到了，所有新兵都背着背包在操场上列队。宣布命令时，每叫到一个名字时，答"到"跑步出列，站在接收单位的队列里。

△ 方红霄在向战友讲述训练心得

　　方红霄被分到了警卫大队。

　　警卫大队担负云南省党政机关和国家领导人及重要外宾来滇的警卫任务，岗位非常重要。

　　警卫大队驻地恰好是 50 多年前"云南王"龙云的"行宫"——昆明震庄宾馆，是一处四季花香的古建筑群落。警卫工作很重要，来不得一星半点儿的马虎和疏漏。上哨时警姿挺拔，上下哨时，成列成行。方红霄通过近一个星期的学习适应，感到与老同志相比，还有一定的距离。于是，就暗暗较上了劲。

　　方红霄到大队部借来了警卫工作方面的书籍，尽快熟悉警卫工作的历史沿革和世界警卫工作现状及整体流程情况，了解历史上警卫工作优秀人物的故事，使思想与警卫工作接轨，并一天一天地历练成熟。

　　警卫大队有一个传统，就是办事雷厉风行，认真负责。方红霄来到警卫大队的前几天，对老队员们的言行举止、勤务动作打心眼里佩服。结果，越对老队员处处佩服就越对自己着急，着急就上火，舌头溃疡了，嘴唇也起了一圈水泡。

细心的老班长把他叫到震庄宾馆的一棵大榕树下谈了大半夜。

老班长："小方，你好像有什么心事？"

方红霄："没、没有。"说着低头侧过脸去。

老班长："我看你吃辣椒炒肉都像是没有胃口。"

方红霄："没有，我吃饭挺香的。"

老班长："跟我到卫生室去取药。"

方红霄："我，我……没病……我……"

方红霄不好意思执拗，只好跟着班长到卫生员房间。

卫生员的发言最具权威："小方是上火，吃点黄连上清丸和牛黄解毒片就好了。"

班长在一旁，嘴角划过一丝不易觉察的笑。方红霄不敢正视班长，只好低着头："班长，我、我……"

"没什么，小方，我当初刚来警卫队时，和你一样，心里也憋着一股子劲，老上火。你不要着急，干任何事，都得有一个过程。"班长推心置腹。

方红霄："感谢班长的指点，我一定记住。"

老班长："小方，我们警卫队的同志都是战友，也是亲兄弟，只要心与心相通就行。"

方红霄的心事很快了结了。

方红霄来到警卫大队后，看到老兵们的衣帽框前，都挂着一个三角形的木制架子，一有空就背在后背练立正、练行进，一练就是一两个小时。他好奇地问班长，班长告诉他，警姿就是精神面貌，警卫队员的警姿代表着部队的素质。于是，方红霄"缠"着班长，先弄了一副木头三角架，一有空，就绑在身上练。为了达到站如松、行如风的效果，要求近乎苛刻。集体训练时，不仅身背木制三角架，而且在衣领左右两侧各别上三根大头针，针尖向内，只要头偏一下，大头针就会扎进肉皮里，痛得钻心。开始，方红霄站半个小时，就大汗淋漓，坚持练了一段时间，就和老兵一样，一次站上两个小时，也不见流汗了。

第二道关口就是手枪射击训练。作为一名合格的警卫队员，不但

△ 只要一有时间方红霄就会跑去看书

要有一身拳脚功夫,还要能熟练使用手中武器,弹无虚发,枪枪制敌。

方红霄相信,真正的成绩属于为事业付出百分之九十九的汗水的人。为了使手臂在射击时纹丝不动,他除了练好基本步法和姿势,还在自己的床头柜里藏了一块方条形石头,每天清晨,提前起床,拿着石头到室外的松树下,举石练臂力;每天晚上睡觉前,再进行举石训练。一段时间,身体出现了不正常反应,双腿的小腿肚子肿胀,小便困难。他没怎么在意,总以为自己身体条件不错,挺一挺,就过去了。可是,他越这样,症状越是明显,有几次竟尿起血来。到了这个时候,他仍然没有请假去看病,仍然若无其事地参加训练。一天,射击训练间隙,进行双人搏击抗打训练。本来,搏击是方红霄的强项,这次却缓慢无力,没几个回合就头昏脑涨,终于倒在了地上。官兵们赶快将他送到卫生队。一检查,是运动量太大,睡眠严重不足所致。

方红霄顽强拼搏的事迹,深深地感染了警卫大队的官兵，也为他编织了荣誉的花环。

当年年终总结时，方红霄被评为"训练标兵"和"执勤能手"。

当方红霄顺利过关的时候，一年一度的老兵退伍工作开始了。战友间依依惜别，迎来了男儿泪的季节。方红霄把自己的美好祝愿通过小礼品赠给离队的老兵，自己也由新兵变成了老兵。

从1991年年初到1993年春夏之交，警卫大队两年多的岁月，方红霄付出了超常的辛勤和汗水。警卫队员的特殊素质要求每个人必须是复合型人才。入伍前，方红霄从来没有摸过汽车，就更别说当一个驾驶员了。但一接触到方向盘，优良的天分很快就展示出来，灵感的天使飘然而至。在实际操作中，教练坐在他的旁边，随时准备指导他处置路面情况。谁知，他一上车就像当过司机一样，动作虽不娴熟，却招招到位。半个多月下来，他已经掌握了转向、倒车、超车等复杂情况下的驾驶。一个月后，他已能开车上路。这期间，一起学开车的战友们，最知道他为此付出的劳动。

当时，班里有一名叫张欣的警卫队员，在学驾驶中老是精力外移，大家对他好一顿奚落。张欣红着个脸，无言以对。慢慢地，方红霄发现张欣的动作与平时练散手、擒敌、警姿时的那股热情劲截然不同。一般来讲，在部队里，学驾驶是个让人眼馋、颇能提起人兴趣的特殊训练。是张欣不愿意学吗？方红霄脑子里升起了一个问号。

训练间隙，方红霄主动找张欣谈心。原来，张欣从小对汽车有着满腔的憎恶。16岁那年，他的妹妹放学回家的路上，被身后的一辆大卡车刮倒，卡车司机见出了事，仓皇逃逸，可爱的妹妹落下一个终身瘫痪的残疾之身。提及此事，张欣时常满腹痛惜，他曾发誓一辈子与汽车不染。

方红霄给张欣送去了一股清新的风。对他说："学驾驶技术，是执行警卫任务不可或缺的专业素质之一，掌握了这项硬功，我们的行动将更加神速……"

张欣茅塞顿开，很快全身心投入到驾驶训练中，一番拼搏下来，他能驾车上路了。

到第一线去

★★★★★

1993年5月，初夏的阳光洒向高原春城。

已经在警营里战斗生活了三个多春秋的方红霄，面临着人生的又一次选择。

鉴于昆明火车站治安的严峻形势，云南总队决定将车站的执勤班扩建为一个中队，配合昆明火车站派出所打击毒品、枪支犯罪，维护站区治安。

消息一传出，不少官兵争相报名，想在这个没有硝烟的特殊战场上一试身手。

此时的方红霄是警卫大队的优秀班长，也是支队预备的提干对象。当他的名字出现在报名表上时，大队的干部都大惑不解。

大队长："你是大队的骨干，工作干得好好的，为啥要去车站执勤？"

方红霄："前些天，我看了一篇报道，一个吸毒的妇女连孩子还没有生下，就被毒品害死了。"

大队长："那儿条件差，还有危险。"

方红霄："我能吃苦，也不怕死。"

大队长："你要慎重选择，这关乎你的前途。"

方红霄："我已经决定了，决不后悔。"

……

其实，方红霄做出这样的选择，还得从头说起。

当初还在新兵连的时候，方红霄随部队参观昆明市强制戒毒所。这是新兵连的一次集体活动，也是他有生以来第一次亲眼看到被毒品残害的活生生的人。

在面黄肌瘦的人群里，有抱着婴儿的母亲，有白发苍苍的老人，有青春花季的少男少女，还有令人羡慕的演员歌星。这些人毒瘾发作后，人不像人，鬼不像鬼，有的狂喊乱叫，有的口吐白沫，有的抓头咬手，个个痛不欲生……毒场百态，尽在眼前。望着一张张被毒品扭曲的脸，方红霄忍不住落泪了。从戒毒所返回的当天晚上，他翻来覆去睡不着觉，躺在床上，那些被毒品折磨得奄奄一息的人影，总是在眼前晃动。

方红霄分到警卫大队后不久，就参加了云南省禁毒大会的现场执勤，那天正是1990年6月26日——国际禁毒日。刚刚下连队一个星期的方红霄，与战友们一起乘车赶到昆明市拓东体育场。

蓝天碧透，万里晴空。当1000多公斤毒品在特制的大锅中熊熊燃烧的时候，当36名毒犯被押赴刑场结束罪恶一生的时候，方红霄感到自己的每一根血管都在扩张，周身的血液在沸腾。戒毒所那令人痛心的面孔又浮现在方红霄的眼前。他想，150多年前，西方殖民主义者正是用"恶之花"摧毁了中华民族的健康体魄，正是用鸦片酥蚀了中国人强悍的骨头，并有了香港的百年奇耻，圆明园的冲天火光和"东亚病夫"的恶名。今天，如果让毒品这"白色瘟疫"再次滋生蔓延，这将是我们军人的耻辱；如果不斩断贩毒分子的黑手，我们将愧对头顶上的庄严国徽。

从那时起，方红霄就产生了到打击毒品犯罪的第一线去的想法，可是一直没有机会如愿。这一次，他获知消息就立即报名，并向支队写了一封信表决心。在这封信中，方红霄纯真无瑕、清澈见底的心泉，在我们的眼前汩汩流涌——

尊敬的支队首长：

我叫方红霄，是支队警卫大队的班长。入伍以来，在党组织的关怀培养下，由一名普通的农村孩子，成长为警卫战士，而且当上了班长，我决心把一名革命战士的火红青春毫无保留地献给部队建设。

回想新兵连参观昆明市戒毒所和来警卫大队后在省禁毒大会执勤的情

景，毒品给我的印象太深了，毒品残害家庭、危害社会对我的震动太大了，我曾想到过自己假如能到打击毒品犯罪的第一线去，那该多好啊。能抓捕犯罪分子，净化社会空气，实在是十分光荣的。

今天，当我得知火车站组建中队，这个消息使我激动不已，我现在在警卫大队任班长，而且有武术功底，擒敌技术好，具备去火车站执勤的条件，恳请组织和首长考验我。

如果我如愿，我将在新的工作岗位加倍工作，干出一番成绩来。如果我没有被选中，也决不灰心，要更加勤勤恳恳地工作，在特殊的哨卫上建功业。

我迫切期待着。

此致

崇高的敬礼

方红霄

1993年5月2日

这是留在组织档案里有关方红霄成长过程中不多见的文字。两页信纸的边沿，已经泛黄了，但方红霄当初的形象却从这信中呼之欲出。

方红霄如愿了。通知他去火车站执勤中队报到的当天晚上，方红霄失眠了。望着朝夕相处的战友，他心情极为复杂，依依惜别的感觉一阵阵地涌上心头。半夜3点左右，他悄然起床，来到了执勤哨位，换下正在站哨的卫兵王伟。在这难忘的夜晚，方红霄再一次体验一个警卫队员的神圣职责。

黎明时分，出早操的官兵们看见站在哨位上的方红霄，都投来钦佩而羡慕的目光。而这时的方红霄，已经在哨位上站了四个多小时……

苦练硬功

★★★★★

方红霄信心十足地到了刚刚组建的昆明火车站执勤中队。

报到的当天，遇到异常繁重的勤务。进入旅游旺季的昆明，笑迎八方宾朋，火车站成了众多的旅客们到滇的第一站。战士们挥汗如雨地坚守在哨位上。

正式上哨之前，排长杨露对方红霄说："在火车站执勤，面对的是形形色色的人，犯罪分子穷凶极恶，十分狡诈，与犯罪分子做斗争，随时都有可能出现意外情况，甚至付出流血牺牲的代价。"

方红霄坚定地点了点头，一句话也没有说。

中午时分，火车站"三品"检查处旅客越来越多，哨位上的战士来不及下哨吃饭，杨露就带着方红霄到哨位上送饭。

来到哨位，方红霄望着一个又一个旅客从眼前走过，执勤的战士手脚不停地在检查过往旅客的行李，累得满头大汗，口干舌燥。方红霄心里说："真是太苦了，任务太重了。"

方红霄满脸汗水回到中队。"夏练三伏，冬练三九"、"闻鸡起舞"的故事不断地冲击着他的第一感觉。

从那天起，当战友们进入梦乡的时候，在中队宿舍窄小的走廊里，方红霄两手交叉抱头躺在地上，力发腹肌，两腿紧绷，双臂用劲，上身挺起前伸，头部够到双膝窝。1下，2下，3下……50下，80下……180下，他的体力渐渐不支，然而，一个坚定的信念却在他脑海里不断闪现……

第二天凌晨5点整，方红霄就先于部队起床了。打沙袋、握砖马步冲拳、脚踹梅花桩……一天早晨，他起床后照例打沙袋，眼前摇摆不定的沙袋，一下子变成了凶残可恨的犯罪分子，他猛拳连发，拳拳逼人，由于用力过猛，打在沙袋缺口部位时，右拳面被流出的一颗尖石子划破，他忍住剧痛，继续重拳出击，沙袋上顿时印下了斑斑血印。

天放大亮，方红霄的手背早已血肉模糊。卫生员小李看着方红霄已经肿胀的手背说："现在人手这么紧，你把手弄坏了，怎么上哨？"说着敷上云南白药，认真包扎。方红霄憨憨一笑说："不小心碰的，没关系，我能上哨。"

这时，楼道里传来战士李天喜的声音："杨排长，怎么沙袋上全是血！"

卫生员小李听到这个声音，顿时明白了一切。他望着刚走出卫生室的方红霄的背影，心里油然升起一股敬佩之情。

寒来暑往，秋收冬藏。方红霄从未放弃过对军事技能训练孜孜以求的热情。

1994年盛夏的一天，火车站铁路小学操场。

高原强烈的阳光裹挟着钢针一样的紫外线。刺得人肌肤生痛。五中队官兵正在进行擒敌技术训练。战士们的喊打声若虎啸山川，声声传远。

方红霄是对打第三组，担当配手的角色。对手是来自山东的大个子李新生，第二年兵。小李个大体壮，是中队的大力士。方红霄足足比小李矮了一个头。动作展开后，没有几招，方红霄就被摔倒在地，肘部被撞了一块大青疤。小李脸上露出了难以名状的愧疚之色，方红霄却像没事一样，对小李说："你在跨步时不迅速，这在实战中往往会给犯罪分子以可乘之机。来，别难为情，再练几次就熟练了。"

小李觉得很不好意思，连忙说："这……这……"话在嘴边却噎住了。

方红霄又说："没事，放手练吧。"

训练继续进行。

方红霄接连当配手，又让李新生架摔，直至小李完全掌握动作要领。

课间休息时，排长杨露走过来，对小李说："你们班长是军事骨干，你们一定要向他多讨教几招。不然，碰上贩毒分子就上不了阵了。"

在火车站执勤、训练、生活了一段时间后，方红霄意识到，与犯罪分子整天周旋，光有擒敌技能是不够的，还应有自身防护、抗击打功夫。

方红霄自告奋勇当上了中队气功训练的教员。早在上中学时，方红霄就在家乡练硬气功，入伍时已经技艺不凡。

方红霄带领战士们练拍打初级功。每天早晨6点开始练起，持续2个小时，然后下午再练2小时，每天练4个小时。

练功先练皮。从外而内，把皮肤练厚、练结实。刚开始练皮时，竹片落在身上，有一种火辣辣的感觉，皮肤沾竹就红，如果有几天不练，皮肤就发痒。20天过去，当竹片拍打完全身以后，竹片裂开，就换一块，然后再加一块竹片，两片同时拍打，当两块竹片打碎后，就具备了抗百斤以上的抗击打能力。这个时候，就可以换成木棍拍打。木棍打在身上，感觉只是疼痛。一个月之后，就觉不到疼痛了。

试功的一天终于到了，第一个就是身震木棍。战士小张首先出场，只见他马步下蹲，收起肩胛，木棍在配合者手里，飞速劈下，小张镇静从容运气震力，木棍当即成了两截。

披艰沥胆辛终成，奇技险招震邪恶。

近百天的硬气功训练全部结束。中队进行结业表演，总队领导前来观看。

随着指挥员一声令下，方红霄带领战士们进入操场中央，第一个科目是头碎酒瓶。只见近 20 名战士一字排开，人人手握两个酒瓶，嘭的一声，几乎是一个声音，酒瓶碎块飞溅。接下来是流水作业，随着酒瓶碎块纷扬落地，战士们毫发无损，掌声四起，一片喝彩。第二个科目是飞脚断砖。只见方红霄脱鞋去袜，吐纳一口真气，走到层层叠起的 13 块红砖面前，再次振臂运气，系紧气功带，两手作一个循环抱球势，下真气于右腿，右脚成单劈叉状，使真气流集于脚前掌部位，口中喝吼一声："啊！"整个身体早已似射出弩机的箭镞冲了出去，右脚像霹雳闪电，"叭"的一声，13 块立的砖头拦腰断裂，表演场上再次响起一片掌声和喝彩声。

接下来，方红霄和他的"徒弟"们又连续表演了背断木棍、手掌断砖、肘部断砖等科目，场上杀声震天，龙腾虎跃，观者时惊时煞，赞叹不绝。

神奇的"软功夫"

如果说擒拿格斗、硬气功和射击等是毙敌之剑，那么神奇的"软功夫"就是缚敌长缨。

方红霄和战友们苦练的"软功夫"，主要是眼功、耳功、嗅功、触功。

刚到车站执勤时，方红霄看到排长杨露隔三差五就能识破毒贩，建功哨位。正式上岗的头几天，面对熙熙攘攘、穿梭往来的人流，他禁不住迎上去就查，结果不是一无所获，就是引来别人的指责和戏弄。

这一天，一位满身珠光宝气的中年妇女肩挎坤包，手提一个小皮箱，来到进站口"三品"检查处，方红霄觉着可疑就请其接受检查。中年妇女很不情愿地说："查什么查，有啥好查的！"说着，将提箱往检查桌上一推，气恨恨地说："看你能找出根金条来！"

方红霄打开皮箱翻来找去，竭力想捕捉"目标"，最终还是未找出违禁物品。他刚要说"对不起"，中年妇女却先开口了："臭当兵的，给你脸你不要脸，凭什么跟老娘过不去……"

方红霄头一次遇到这种局面，有些手足无措，红着脸说："你不要骂人，检查旅客行李，是我们哨兵的职责。"

中年妇女见围观的人多起来，变本加厉，近乎泼

△ 方红霄和战友正在仔细观察每个可疑的过往行人

妇骂街似的喊道:"穷当兵的还想占老娘的便宜,也不拿镜子照一照是啥样哎!"这一喊,方红霄更不知道怎样应付,急出一头汗来。

"旅客同志们,昆明火车站对旅客实行检查是国家的规定,也是我们人民武警的职责。"就在方红霄陷入窘境的时候,排长杨露出现了。杨露见中年妇女无理取闹,和颜悦色地讲政策法规和"三品"常识。三五句知理贴心的话,使中年妇女收住了声,低下了头。围观的旅客一听,也不再议论,分散而去。站在排长面前,方红霄羞愧地低头不语。杨露说:"在这儿站哨,磕磕碰碰的,天天都会遇到。我也没有绝招,全凭一种特殊的直觉,眼尖耳聪手勤。但是,遇到难缠的人,一不急,二不躁,要晓之理,和解为上。"

方红霄用钦佩的目光看了排长一眼说:"我知道了,

今后你再看我的行动吧！"

方红霄经历了这次教训，心理成熟了许多。以后的几天，每当上勤时，他尽管心里仍是想查缉到毒品，抓到毒贩，可仍是没有收获。

几个回合下来，没有查缉到毒品的方红霄有意和自己过不去，连续在自己的头脑中设置问题。究竟怎样才能在人群中一眼识破毒贩，究竟怎样才能在"三品"检查时既不放过毒贩子，又不与好人出现伤和气的局面。方红霄陷入深深的思考之中。

哨位连着祖国的安宁，哨位装着广大人民群众的期盼，在哨位上，出色履行职责，是武警战士的第一要义。

在无数个执勤归队的夜晚，排长杨露把方红霄叫到车站的路灯下，苦口婆心地言传身教。杨露对方红霄说，毒品犯罪分子不但有穷凶极恶、嗜血残忍的一面，还有善于伪装、诡计多端的一面。只有练就过硬的辨识本领，魔高一尺，道高一丈，犯罪分子就插翅难逃。

无数次耐心点教之后，方红霄沉下心来，先跟排长杨露学，然后又主动找派出所所长赵勇和民警张辉、杨柳康、谢君娥讨教大海捞针的技能。他还利用星期天到车站所在地区的居委会、街道办事处，与值班的大妈大伯聊天，让大妈大伯谈经历过的故事，谈他们眼中的犯罪分子是什么模样，谈车站周围人们生活的特点和习俗。

一段时间后，方红霄通过看、听、记，积累了一大本的"财富"。于是，他又给自己定了更明确的目标：尽早熟悉车站的复杂环境，掌握查堵违禁物品尤其是毒品、枪支的藏匿、携带规律，练好基本功。并根据查堵违禁品，主要是靠看、闻、摸、听的特点，制定一个岗位练兵计划：提高视觉、嗅觉、触觉、听觉能力，发现和识别违禁品。

候车大厅和宿舍成了方红霄练就硬功绝活的练兵场。每天除了吃饭和睡觉，不是到车站候车大厅里，就是在自己的宿舍里，用眼、耳、心去观察人、琢磨事。

第一步是练视觉。方红霄用津贴买来《犯罪心理学》、《福尔摩斯探案集》等书籍置于床头，苦读静思，结合执勤细心揣摸。中队宿舍和车站广场仅一窗之隔，只要空闲下来，他就隔着窗玻璃观察南来北往旅客的面部特征、衣着打扮、言谈举止、神色表情……有时一盯就是几个小时，边观察、边记录、边找案件资料进行对比，渐渐掌握了昆明火车站进出旅客的基本规律和主要特点，尤其是对云南、贵州、广西、甘肃、广东等几个毒品流入较多地区的旅客研究得更为仔细。

规律是从不断地学习和实践中总结得来。渐渐地，方红霄发现每一个旅客的面孔都是一个内容丰富的世界，一切罪恶的疑点就裸显出来。经过一段时间的精心破译，方红霄只要往人群里一站，就能分辨出是南方人，还是北方客。

第二步是练听觉。即分辨出入车站旅客的口音，从口音中判断旅客是哪个省、市、自治区的，进而推断可能携带什么东西。为了让耳朵更加灵敏，方红霄利用业余时间和一些南来北往的人交谈，并买了各省方言的歌曲、小品、相声录音带，了解掌握贩毒重点地区的方言语音，潜心模仿，辨别不同地方的口音差异。经过半年多时间的苦苦摸索，他一听口音就能知道旅客是什么地方人，带的行李是否和这个地方的特征相吻合，并根据旅客言谈举止，辨别出真伪善恶。

第三步是练嗅觉。即练辨别各种违禁物品的气味。方红霄先把毒品以外的易燃、易爆、危险品分别放在同样形状、同样大小的深色瓶子里，用鼻子反反复复去闻，分辨其气味特征，然后，又把海洛因、可卡因、鸦片、大麻等毒品搅拌在不同酸性、碱性、辣味的动植物制品中，用玻璃瓶装起来放在床头，反复闻气味、辨真伪。尽管各种异味刚接触时常常刺激得他头晕、恶心、呕吐，吃不下饭，睡不着觉，但他全然不顾，咬紧牙关挺过来。几个月的艰苦体验，他已经能分辨出"三品"的几十种气味和毒品伪装后的各种异味。

第四步是练触觉。方红霄对软的、硬的、密封的、透气的、人造革的、真皮革等不同材质的大包小包，不知触摸过多少遍，从中找感觉、找规律。他每天都强迫自己对这枯燥的触摸功进行反复体会。慢慢地，手指上长出了老茧，却终于让那双粗黑有力的手长上了眼睛。凡经过他这双手，伪装再好的毒品，立即就被识破。随着时间的推移，贩毒走向复杂化、高智能化，手段五花八门。有把毒品藏在机油里、车胎里的，有在毒品的外包装上洒香水、风油精、六神液、辣椒面、大蒜汁的，巧妙伪装，精心掩藏，甚至出现利用人体贩毒。然而，方红霄一整套"声东击西"的触摸方法，与视觉、听觉、嗅觉相结合，使一个个绞尽脑汁伪装的毒贩落马成囚。

诱惑无奈

➡️ 纤尘不染

★★★★★

　　那是 1995 年 7 月 12 日下午，中队文书进会议室递上一张字条，方红霄一看，是一个陌生电话，就没有在意，而是继续给中队的战士们讲课。没一会儿工夫，文书又来了，仍然是这个陌生的电话。

　　方红霄拨通电话，对方声音有些熟悉，而方红霄一时又想不起是谁。

　　"哪一个？"

　　"是我，小志！你忘了？"

　　"半年多没联系，还真差点忘了，你在哪儿？好像不是你家的号码呀？"

　　"我在一个朋友的办公室，找你有事。"

　　"什么事？"

　　"今天我过生日，在滇池大酒店'芙蓉厅'请客，请你务必在下午 6 点钟赶到。"

　　"来不了，我晚上 8 点半上岗执勤，再说我喝不了酒。你和朋友们好好喝吧，祝你生日快乐！"方红霄说着，就准备挂电话。

　　"我说红霄，晚上 8 点上岗，咱们 5 点半开始，最少还有两个半小时，时间足够了。再说我们都半年没见了，来聊聊天，轻松轻松吧？别那么认真！"小志非常诚恳地对方红霄说。

△ 执勤中英气的方红霄

　　方红霄看推托不掉，只好应承道："那好吧，我可能稍晚一会儿到。"

　　"哎！别，别。我现在就派车去，15分钟后在中队门口等你。"没等方红霄答应，电话就挂了。

　　方红霄一进"芙蓉厅"，见圆形红木餐桌上，放着一个精美的生日蛋糕。围大厅环绕的沙发上，坐着三位俊俏窈窕的女子，她们见方红霄和小志、陈老板进来后，立刻微笑着站了起来。

小志忙说："我来给大家介绍一下，这位是方红霄，是昆明车站大队的大队长。"小志故意将方红霄的职务说成大队长，并继续说："他是我中学时的同班同学，以后大家有什么事，就去找方哥，没问题。"

方红霄赶紧说："我不是大队长，我是中队长，我恐怕给大家帮不了什么忙。"

小志对方红霄说："这三位小姐，都是陈老板手下公关部的。她们都善解人意，有什么事交给她们去办，没问题的。"

陈老板接住话头说："是，是，她们没有办不成的事，只要你方队长动动嘴就行！"

方红霄很干脆地说："我没有什么要办的事。"

"人生在世，怎么能没有要办的事呢？"小志接过话头，继续说道："别光说话，入席，入席！"

落座之后，小志先说："今天是我的生日，我做东，陈老板买单，只请了你红霄一个，也是我在昆明唯一的湖南老乡，她们三个……"他指了指席上的三位小姐说："都是陈老板叫来陪你方哥的。"

三位小姐立即站了起来，同时向方红霄甜笑着说："方哥，今后多关照。"

方红霄对这突然的礼节有点不习惯。尽管这情景他偶尔在电视上见到过，但真的遇上，仍然不知所措，忙说："请坐下，请坐下。"

尽管陈老板发动三位小姐轮番向方红霄敬酒，小志和陈老板也反复劝说，但方红霄除了第一杯祝小志生日快乐的酒之外，无论再怎样劝，只是礼貌地回绝，再未沾一滴酒。

小志似乎看出方红霄今天有些反常，但他并未介意，因为他和方红霄毕竟是少年时一块玩耍过的伙伴，更何况今天是自己的生日呢？

而方红霄却想得很多。本来，方红霄是能喝点酒的，他和小志过去也常在一起聊聊天，喝点酒。按说，今天小志过生日，方红霄怎么也得痛快地喝上几杯。但今天的场合实在令方红霄酒菜难咽。他想，这搞的什么名堂！小志应当知道我方红霄的脾气呀，我最瞧不起那些刚发了点财，就摆阔气的暴发户了。半年没见，怎么小志也摆起了阔？碍于小志过生日，方红霄才没有提前走人。

小志很快喝了个半醉，话也多了起来："红霄啊！过去咱们呀，可是太傻了！这年头……"

"这年头咋啦？"方红霄问。

"这年头太老实、太本分了，就只能受穷！"

陈老板接过话来说："方哥，我佩服你！我就羡慕你们当兵的，不做亏心事，心里踏实，虽然穷点，可穷人也有穷过法呀！"

方红霄抬眼看了看坐在自己身边的这位陈老板。陈

△ 检查

老板似乎觉得自己的话赢得了方红霄的赞同，于是便大着胆子说开了："不过话又说回来，现在改革开放了，挣钱并不难，你又何必要守着穷日子过呢？"

"挣钱并不难？"方红霄似乎听出了陈老板的话外音，便故意反问了一句。

小志接住话说："这年头，只要活人想活办法，弄钱还不容易？就比如你方红霄，老那么认真，上哪儿去找钱？告诉你吧，这半年我挣了120万！咱们是铁哥们儿，我致富不忘老同学，这不，我为你准备了一份小礼物，小意思，你看看。"

说话间，小志便从椅子背后取过小包，从中取出一个小本，又从小本中取出一把钥匙和一张发票。一边往桌上放，一边又接着说："这是刚才我接你用的'标致'车的钥匙，这是买车的正式发票，这个小本是这辆车的户口本，一切手续齐全。过去你不是说早晚要买一辆车吗？等你攒钱买车，还不知要等到猴年马月去了，这辆'标致'你一会儿就开走，算小弟的一点心意。"

"小志！够朋友！"陈老板立刻赞扬道。

"哪里，方哥过去待我恩重如山，我上大学时，方哥每月给我20元，那时他自己一个月才50元津贴费！我这点意思算什么？人呀，总得知恩必报才对。"

"说得好！今天你小志做了榜样，我陈志武也是讲义气的，今天第一次与方哥见面，我怎么也得有个见面礼吧？"

"对，是应有个见面礼！"小志附和着说道。

说话间，陈老板起身从身后的衣架上取下一个皮包，从中又取出了一个棕色的小包，然后回来坐下，将小包也放在方红霄桌前，说："这包里是10万元，既然你与小志是铁哥们儿，那么咱们就是铁哥们儿了。方大哥，你可不要嫌我出手不大方啊!"

始终一言未发的方红霄这时终于说话了:"下面还有什么节目吗?"

小志毫不介意地说:"这三位小姐今晚都是你的,楼上818房间早就为你订好了。"

望着小志,方红霄像望着一个陌生人,有好一会儿醒不过神儿来。

陈老板显然看出了方红霄的惊愕,向前一凑,解释说:"我第一次拿到满满一箱子钱时,跟方哥现在一样,也是一点儿心理准备都没有,那时我脑子里只有一句话……我有钱了!"

"有钱了又能怎样?"方红霄又是冷冷地来了一句。

"怎样?怎样都可以,可以办自己过去办不成的任何事情。什么是解放?有钱就是解放;什么是自由?有钱就是自由;什么是幸福?有钱就是幸福。"陈老板虽然喝了酒,说起话来仍然是有板有眼。

小志接过话茬说:"精彩!太精彩了!"

三位小姐也说:"陈总,您怎么说的都像是真理呢?"

方红霄终于忍不住了,他将面前的车钥匙、小本本和一包钱,往左边小志桌前一推,说:

"小志!你好自为之吧。"说着便站了起来,还没等其他人明白过来,方红霄已经走到了门口,回身又补充了一句:"希望再不要让我见到你们!"

门,那种带控制装置的门,慢慢地关上了。

三天后。

昆明开往广州的166次列车检票进站。

不一会儿,小志提了一个密码箱径直向"三品"检查口走来。战士靳红春、李明、孔翔见他走近,便说:"同志,请例行检查。"

"啊! 老熟人了, 有什么可查的。"小志说。

靳红春一看是他, 很快就想起来了。半年前, 这个人确实来过中队, 而且是找方中队长, 找到之后, 他还在中队吃过一次饭。于是, 便对李明、孔翔说:"他是中队长的朋友, 没问题。"

但小李、小孔两人却对靳红春说:"昨天, 中队长很认真地交待我们说, 要是有人说认识他, 打着中队长的牌子不愿让查, 那就一定要查, 而且要仔细查。我们问为什么, 中队长说, 别问为什么, 反正查就是了, 谁也不能例外。"

他们三个互相对视了一下, 命令小志打开了密码箱。密码箱里面全是衣服和钱, 并无违禁物品。尔后, 他们又对其进行人身检查, 结果在其大腿内侧, 查获海洛因 380 克。小志哀求说, 自己是方红霄的铁哥们儿, 不信可以给方红霄打电话, 希望能放了他。

还没等打电话, 方红霄就来了。看到小志后, 他并不惊奇, 倒是小志像抓住了救命稻草, 对方红霄说:"方哥, 替我说说! 方哥, 替我说说! "

"还说什么? 到派出所吧! "方红霄毫不留情地对小志说。小志一听, 顿时脸色铁青, 双眼流露出的是哀求与期待。"走吧! 我没法帮你, 路是你自己走的。"

方红霄和他的战友们将小志带到了派出所。

随后, 方红霄配合公安人员对其进行审讯, 小志彻底坦白了贩毒经过, 并检举了几个贩毒分子, 公安局根据小志提供的线索, 破获了一个贩毒团伙, 而为首的就是那个陈志武。

"世界上没有无缘无故的爱, 也没有无缘无故的恨。"人家送你小轿车, 给你巨额金钱, 安排小姐为你服务, 为的啥? 还不是在"琢磨"你手中的权力吗?

方红霄被人"琢磨"了, 但方红霄没有被人琢磨透, 他胜利了。但也给以后的人生预留了艰辛。

→ 美人计

★★★★★

1996 年 5 月 8 日下午，天气燥热。刚执勤归来的方红霄和战友们汗流浃背。

一进门，方红霄便端起大茶缸，咕咚咕咚喝了两缸白开水。放下茶缸，电话铃响了。

"喂? 你是方红霄吗? "一个甜美清脆的声音在耳机中回响。

方红霄应声道："我是方红霄，你有什么事? "

"我是昆明师大的，我有点事要向你报告。"

"你说吧，我听着哩。"方红霄应道。

"电话不方便，你能不能到'玫瑰茶屋'来? "

"这……"

"方大哥，我本来想到你们中队去，但我觉得不方便，所以才给你打电话，希望你理解我的处境呀! "

方红霄一听，觉得可能有情况。立即找指导员商量，指导员说："首先，把情况弄清，为了不引人耳目，你赶快去换便衣；第二，如果有什么万一，你赶快打个电话回来，我带人去接你。'玫瑰茶屋'离中队不远，10 分钟就到了。"

方红霄接过话说："这样，你 20 分钟后给我打个传呼，5 分钟之内我未回电话，你们就马上赶来。"

"好，就这样，我再去派出所与老赵联系一下，万一有情况，我们一起行动。"

"好!"方红霄换好便衣，消失在门外的人海之中。

"玫瑰茶屋"在车站附近，是一个比较高档的消闲之所。茶屋分上下两层，上层是 10 个包间，下层是 6 个包间，余出的空地是按"小桥、流水、人家"的意境修建的，溪流环绕 6 个包间，红鲤鱼在碧流中戏水，假山、修竹在其间错落有致。一进门，方红霄就感受到了令人惬意的凉爽。

"你是方先生吧?"一位身着绿色筒裙的少女微笑着问方红霄。

方红霄应声道："是，我是方红霄。"

小姐又说："苏小姐在一楼 3 号'竹园'等你半天了。"

方红霄一想不对，马上问道："我接电话刚十多分钟就赶到了，怎么能说等我半天了呢?"

小姐说："苏小姐进门时就交代了，说一会儿有个方先生来，结果都快一小时了你才来，这不是等你半天了吗?"

"哦。"方红霄应着便随小姐一起踏上了通往"竹园"的小径。他边走边想，为什么来了一个小时后才打来电话?随小姐绕过一个小包房，便到了"竹园"。

方红霄随小姐刚一进门，一个眉清目秀、亭亭玉立的少女从沙发上站了起来，像迎接老熟人似的："方大哥，你怎么才来呀，人家等你半天了!"还没等方红霄反应过来，苏小姐已站在了方红霄身边，并挽起了方红霄的胳膊向屋里的沙发上坐去。服务员小姐见状，忙回身退了出去，同时将门带上了。

刚一落座，苏小姐就说："我一直梦想能和你交个朋友，我特崇拜像你这样的英雄。"身穿碎花背带裙的苏小姐，看上去二十二三岁，由于她没有浓妆艳抹，反倒透出

△ 昆明火车站前的方红霄

一股自然的气息。双手娇羞地合十夹在双腿之间，说话时既腼腆而又略带点嗲气。

方红霄看了她一眼，很礼貌地说："苏小姐，有什么事你就说吧。"

苏小姐仿佛早有准备，她伸手按了一下电铃，刚才的服务员又进来了，苏小姐对她说："来两杯咖啡，方哥你加糖吗？"

方红霄说："随便。"

苏小姐："那好，就来两杯咖啡，不加糖。"待小姐出门后，苏小姐用清脆纯正的普通话说："对了，我忘了自我介绍，我叫苏倩，是昆明师大物理系的大三学生，今天嘛……"

说到此处时，她故意停下来，望着方红霄的脸。

方红霄说："有什么话，你大胆说吧，有什么困难，有什么问题和委屈，都可以对我说，只要能帮，我们武警都会帮助你的。"

这时，服务员小姐端着一只盘子，盘子上放了两杯热咖啡。进门后蹲下，将两杯咖啡放到了茶几上。"二位还要点什么？"小姐问。

仍然是苏小姐答："暂时不要了，需要时我会叫你的。"

望着桌上的热咖啡，方红霄并没有要喝的意思，只是他觉得茶几上的那微型盆栽竹子长得特别好，但因放得不正，便伸手将它轻轻移正。

就在这时，一只纤细而白皙的手放在了他的手上，并像把玩一只精美玉器一般，在他的手上触摸了起来。

方红霄心中一震，仿佛明白了什么。重重地甩脱了被握住的手，严厉地说："苏小姐，请自重。"

苏小姐不仅没有自重，还把身体往方红霄的身上靠过去，伸手就要搂方红霄的腰。

方红霄为了摆脱苏小姐的纠缠，忙说去打个电话马上就来。

苏小姐见状，从包内取出一只精美的红色手机，递给方红霄说："就在这儿打不行吗？"

方红霄想，现在尚不知她要耍什么花招，就将计就计坐了下来，对苏小姐说："我们还有一场篮球赛，不回去也行。不过你究竟有什么事，请尽快告诉我。"

方红霄一边说，一边冷冷地看着苏小姐，仿佛要看穿她的五脏六腑。

苏小姐说："我很想和你谈朋友，我从小就喜欢英雄，今天我也是下了很大决心才来的，希望你理解我。现在，要找一个男人可真不容易。"

方红霄听后很认真地说："我有女朋友了。"

苏小姐说："我不在乎，我们可以竞争，如果实在竞争不到，我宁愿做你的情妇，永远属于你！"

许多事都是在瞬间发生质变的。正当苏小姐紧紧地抱住方红霄，并将湿润的嘴唇迎向方红霄的脸前之时，方红霄尽力躲闪，这时，一下子冲进来三个人，其中一男子说："方红霄！好一个伪君子，竟然包养小蜜，哈哈哈……"随后就见另外一个手中的照相机闪光灯一闪，将苏小姐搂抱方红霄的情景照了一个全。"现在人证俱在，我们随时可以将照片寄到你的领导手中。你方红霄还有什么好说的？"

这时，苏小姐冲到方红霄面前，说："方哥哥，你斗不过他们，只要你听话，我就永远属于你，而且要什么有什么，够咱俩吃喝玩乐一辈子！"

此时的方红霄格外冷静，抬腕看了一下表，觉得指导员也该来了，于是故意拖延时间，将计就计地说："那好吧，你们说要我干什么吧？"

一男子冲到他面前高兴地说："好，好！痛快，痛快！我就愿交这样痛快的朋友。"说着，从腰间抽出了一个小包："这是 500 克白粉，今天我要让她送到广州，你要保证不出任何问题。事成之后，你们两人 2 万。"他一边说，一边用手指了指苏小姐，意思是让她去广州送货。

就在这时，指导员和派出所的赵所长带着三名战士冲进了"竹园"，几个家伙被戴上了锃亮的手铐。赵所长对其中的一名男子说："李老大，我找你半年多了！没想到咱们在这儿见面了。"

被称为"李老大"的贩毒分子望着方红霄咬牙切齿地说："姓方的，你真狠啊！"

方红霄说："不是我狠，是我差点被你算计了！"

那位苏小姐含着眼泪对方红霄说："方哥，方哥，我是真爱你，真恨他们，但我没办法，你一定要救救我啊！"

李老大狠吐了苏小姐一口唾沫："你个臭婊子，你不是说永远爱我，叫干啥就干啥吗？"

苏小姐哭喊道："李永泉！你不是个人！你害死我了！"

根据审讯获得的供词，派出所在公安机关和武警中队的协助下，一周之内，将贵州帮一个23人的贩毒团伙一网打尽。

苦涩浪漫

→ 被退回的"订亲礼"

★★★★★

1994 年春节，方红霄跨入了从军岁月的第四个年头。经中队报上级批准同意，他准备探亲休假了。

此前，父亲方托献已给他写来两封信说，家人已在邻村给他相了一门亲，姑娘长得挺水灵，又有文化，家庭条件也不错，要他先回来一趟，互相走动走动，把订婚的礼早点给人家送过去，也让父母松口气。

方红霄一直没有回信。他想，这算咋回事呢? 说同意这门婚事，显然有点唐突，万一女方家不同意，这不是让家中父母上火吗? 说不同意，人都没见过，更不好表这个态。想想自己一个大头兵，找对象的条件还不能太高。恰在这时，中队长来找他，问他准备何时探家，方红霄知道中队长是找老兵们摸底。这时候，一般老兵们提出的要求，中队基本都会满足的。

方红霄问："都谁想探家?"

中队长说："问了一圈儿，大家都想下半年，我怕下半年老兵们探家太集中。想先安排几个，这样下半年就松快多了。"

方红霄一听，立即表态说："那就先安排我吧。"

方红霄的家乡湖南省岳阳市君山区肖台村，距范仲淹所撰《岳阳楼记》名篇之地"岳阳楼"，仅百余里。

那天，方红霄下了火车，又上了汽车；下了汽车，又上了渡船。一共百余里地，却换乘了好几次车船。

一路上，方红霄望着离别了三年多的故乡，想了很多很多。但是想得最多的，仍然是警营。

方红霄是下午4点钟左右到家的。一进门，先是一把拉住母亲的双手，急忙掏出用红纸包的一对玉镯，取出一只给母亲戴在左手上，又取出一只给母亲戴在右手上，然后说："云南产玉，这是一对好玉镯。"乐得母亲把镯子摸过来摸过去。

晚上，父亲把方红霄叫到身边，郑重其事地说：给你找的对象，今年22岁，人长得好，家庭条件也不错，就在邻村不远。明天一早，就让邻居三婶儿带你去看看。你若没什么意见，就先将"礼钱"送过去，待你年底复员回来，就给你把婚事办了。

第二天，三婶一看穿戴整齐的方红霄就乐开了。"哟，这么俊呀！"说着便走上前摸方红霄领子上的领花，嘴里不住地说："你看这军装，做得多细，多好看呀！"方红霄说："这还不是最好看的，要是穿上礼宾服，配上黄灿灿的穗子，那才好看呢！""没问题，没问题，你人精神，家里也不错，这门婚事包在我身上了。"

这时，方红霄母亲走过来，将手上的镯子一个一个取下来，交到红霄手上说："你要是看中了，觉得喜欢，就将这对镯子送给小梅吧。"红霄一怔，说："妈，这是给你的！"母亲说："你下次回来再给妈带一对就是了，快跟你三婶去吧，别去晚了，让人觉得咱心不诚。"

从李家回来，三婶挺高兴，对红霄妈说："我说没问题吧，人家姑娘一见方红霄脸就红了，镯子也给了。临走，李家父亲一直送到了村口，我看没问题。过几日，就将礼钱送过去吧。"

方红霄说："三婶，我听小梅说，她舅在帮她往城里调呢！还问我能不能提干，能不能考学，我觉得还是先别送了。"

"这是什么话，人家头次见你，当然要问得细一点，就是她调到了长沙，你转到长沙不就行了。"

方红霄又说："我觉得还是先别送，我们先交个朋友，回去通通信再说。"

三婶一听就急了，"你是不是怕三婶喝你的喜酒呀！"

这时，方红霄的父亲发话了："她说进长沙也不是一句话，现在找个好姑娘也不容易，我看三天后就将礼钱送过去，先把这门亲订下来，免得你年底回家连个对象也没有。"

然而，"订亲礼"送去的当天下午，李家便派人将东西又原封不动地送回来了。李冬梅还给方红霄写了一封信，

△ 全副武装的方红霄

方红霄看完信，只说了一句话："我理解她。"在此后的若干年里，无论是家人，还是亲戚朋友，只要有人提起这件事，方红霄都立即制止，如有谁说了李冬梅一句不恭敬的话，方红霄都会发脾气，决不允许任何人说她半个不字。

自从李冬梅家将"订亲礼"退回之后，一家人对方红霄的婚事更是操心。母亲悄悄找亲戚，父亲找乡邻，非要为方红霄寻一门靓亲。

30天转眼就要过去了，临回昆明前，方红霄几位老同学来到了"岳阳楼"。未料，天气骤变，来了一场瓢泼大雨。四个热血青年索性让暴雨洗身，站在雨中背起了小学时就多次吟诵的《岳阳楼记》：

......

予观夫巴陵胜状，在洞庭一湖。衔远山，吞长江，浩浩汤汤，横无际涯；朝晖夕阴，气象万千。此则岳阳楼之大观也，前人之述备矣。然则北通巫峡，南极潇湘，迁客骚人，多会于此，览物之情，得无异乎？

......

嗟夫！予尝求古仁人之心，或异二者之为。何哉？不以物喜，不以己悲。居庙堂之高，则忧其民；处江湖之远，则忧其君。是进亦忧，退亦忧。然则何时而乐耶？其必曰"先天下之忧而忧，后天下之乐而乐"......

→ 初相识

★★★★★

蔡锦华认识方红霄的时候，方红霄还是一个兵。

那是 1994 年底，有一天，刚从临沧支队保密室调到云南总队机要处的小蔡，被袁华军主任派到火车站去接人，小蔡怕路上堵车，便与司机李启云提前出发了。到车站后，距列车到站还有半个多小时。司机小李对蔡锦华说："方红霄是我的老乡，咱们去他们中队的执勤室坐坐，等车到了再出来接。"

"你认识方红霄？"

"当然认识，从小一起玩到大的！"

蔡锦华随小李进了执勤室，方红霄和另外两名战友正在等待列车进站后例行"三品"检查。一个等着接人，一个等着工作，刚好都有空闲，他们就聊了起来……

此后的日子，他们俩谁也没有想到，这样的偶然邂逅，成了他们结成百年之好的天撮之缘。

蔡锦华，1970 年 3 月 4 日生于四川省甘孜州康定县。甘孜属藏族自治州，当年红军长征曾经过这里的大渡河，留下了诸多动人的英雄故事。而康定，就是州属的 18 个县中最为著名的一个县，那首脍炙人口的《康定情歌》，像插上了翅膀的百灵，把浓浓的康定人的胸怀，康定人的多情浪漫，传唱到了五洲四海。据说这支歌，现已被列为"世界经典名曲"，并成为中国 20 世纪民歌金曲之一。

康定，是一片神秘而多情的土地。

康定，是蔡锦华的出生地，这块土地注定了要与方红霄结下不解情谊。

说起蔡锦华来，家里的兄弟姐妹都这样说：

"老四从小就特别有个性。"

"老四爱玩、机灵，就是脾气犟。"

"老四没心眼儿，干啥事儿都不上心，是那种稀里糊涂的人。"

"小时候跟个男孩子一样，跑得特别快！"

的确，在蔡锦华的记忆中，她从小学到中学的学习成绩，都是在中等线上下移动着。有一次她逃学与同学们一起到跑马山玩，英语老师发摸底考试卷，当发到蔡锦华时，发现小蔡没来上学，就让同学张小莉把蔡锦华的英语试卷带回去。

张小莉同学将试卷和英语作业本送到锦华家时，她还没有回来。犹豫再三，张小莉还是将试卷和作业本交给了锦华的母亲。知道情况后，蔡锦华的母亲就搬了个椅子坐在院子里等。但左等不来，右等不见。母亲想，这小四儿上哪儿去了呢？学也不上，她能跑到哪儿去呢？

不一会儿，哥哥、姐姐、妹妹都回来了，唯独不见蔡锦华。大家一看妈妈坐在院中阴沉着脸不高兴，都不敢吱声。妈妈说："今天不做饭，大家都等小四回来，看看她到底干什么去了。学也不上！"

从下午 5 点半一直等到晚上 7 点，蔡锦华才进了院。妈妈一见就忍不住喝道："小四儿！你上哪儿去了！"

锦华一看，妈妈坐在院当中，其余四姐妹也都站在院中望着她，她不知发生了什么事，随口说："我上学去了呀！"这一说不要紧，妈妈越发生气了。

蔡锦华的父亲早在 1985 年就丢下妻子和五个孩子去世了，当时锦华只有 14 岁。哥哥、姐姐、妹妹在学校都是班上的"尖子"，唯有她，每次考试都让母亲操心，操心也就算了，最可气的是她根本不把母亲的操心当回事，"逃学"次数不少。

"子不教，父之过"，现在父亲不在了，那过失就是母亲的。想到这儿，母亲上前抓住锦华打了几巴掌。

蔡锦华后来告诉我们：她小时候经常挨打，有一次邻居告诉她："小四儿，你不是你妈生的，你是捡来的孩子。"她听了哭了整整一天。她跑回家不上学了，妈妈怎么也劝不住，吓唬也吓唬不住，一直哭到了晚上，饭也不吃，水也不喝，最后全家人都来问她，问急了，她才说了一句："别以为我不知道，我都知道啦！"然后又接着哭，而且是越哭越伤心，把全家都弄得莫名其妙。

大哥二哥都来劝，姐姐妹妹也来劝，妈妈又说："小四儿，你咋啦？是谁欺负我的姑娘啦？"妈妈这么一说，锦华哭得更厉害了。

当时，蔡锦华心想，你又不是我的亲妈，你能真爱我？想到这儿，蔡锦华哭着说了一句："你又不是我的亲妈！少管我！"

听锦华这么一说，母亲立刻就变了脸，霎时泪花挂满老腮，泪水婆婆娑娑断了线，说是哭，却无声。其他四姐妹见状，忙喊："妈！妈！你咋啦？"妈妈头一歪，晕过去了，锦华一见吓坏了，当时就不哭了，看着哥哥姐姐们喊妈妈，过了一会儿，妈妈缓过神。见锦华不哭了，便问锦华："谁说你不是妈生的？"

锦华说："那为啥我考试成绩不好就打我？"几句话，把妈妈问得说不出话。

猛然间，妈妈把蔡锦华搂在怀里，一边大哭一边说："你爸死得早，你在学习上不争气，我咋对得起你死去的爸爸呀！每次你睡了，妈望着你小脸心疼得落泪，你哪里知道妈的心呀！没想到你这么小的年纪就跟妈记了仇。以后妈再也不打你了，只要你还认我是你的亲妈……"

"妈……"

锦华告诉我们说："听了妈的话后，我抱住妈妈也哭了。"

1989年2月，母亲听说州里要招收三名女兵，几经周折，总算把锦华送去当了兵。

当兵来到武警临沧支队后，新兵训练一结束，蔡锦华就被分到机

关当打字员。

那时没有电脑，打字机是老式的铅印打字机，蔡锦华没用一个星期，键盘上的字就全部背了下来。

没有考上大学，这在蔡锦华心中是个遗憾；当然，她更知道这肯定也是母亲心中的遗憾。

当蔡锦华听说还可以报考边防教导大队时，心里非常高兴。她没有声张，默默地一边工作，一边复习，周围的同志们都赞扬她："这个小女兵除了工作，就是学习，是个有志气的兵。"

1990 年 7 月，蔡锦华拿着录取通知书流泪了。此时，她想到的第一个人，就是自己的妈妈。她马上取出纸笔，给妈妈写了一封报喜信，飞快地跑到邮局，投入信箱。这时，她觉得腹部有些疼痛，而且疼得她浑身都是汗。

战友们将她送到卫生队，但吃了药后还疼，有几次甚至疼昏过去了。

支队卫生队向支队发了第一次病危通知，李政委赶来了。面对脸色苍白的小蔡，李政委轻声地唤她："小蔡！小蔡！"小蔡睁开了眼睛，望着李政委。

李政委说："小蔡，马上要给你做手术，你要不要叫妈妈来陪陪你？"

"不！不……要……"说着小蔡就昏了过去……

手术从下午3点钟开始，直到晚上7点多钟还没有做完。据小蔡自己对我们说，当时她是半身麻醉，医生们说什么她都能听见，有四五个医生护士给她做手术。开刀后，阑尾化脓，脓水都臭了。

她听有的医生说："太臭了！快排脓，小心，小心！"

"要不要报二次病危？否则万一有什么事怎么办？"

"现在，我也处理不了，化脓这么厉害，我还没见过，万一穿孔，我真处理不了，是不是赶快请市中心医院的赵大夫来？"

"快！报告李政委，必须报病危！"

很快，李政委又来了，同时来的还有其他支队领导，李政委俯下身子对锦华说："小蔡，我们想你现在肯定很想妈妈，我们决定，把你妈妈接来看护你，你看行吗？"

小蔡仍然只说了一个字"不"！然后就闭上嘴，谁也不看了。据李政委后来说，看到小蔡这样坚决，他便改变了主意，不通知小蔡家人，让他爱人来陪她。

市中心医院的阑尾专家是晚上9点多钟才赶来的，赶来之后，立即投入到了紧张的手术之中，之后不久，给小蔡上了全麻，医生与护士们的对话，小蔡再也听不见了。直到第二天凌晨1点多钟，小蔡才被从手术室推出来。但由于拖得时间太长，已从普通的阑尾炎发展成了腹膜炎，仍然处于病危状态。

出手术室第三天，小蔡仍然在昏迷之中。第四天，支队李政委又来了，再次对锦华说："小蔡，你病得不轻，我觉得还是告诉你妈妈一声好，让她来照顾你，可能会恢复得更快些，你说好吗？"

这是卫生队第三次向支队报病危，原因是小蔡体质太弱，而病情显然恶化了。卫生队的领导们告诉支队首长说：从第一天小蔡出了手术室后，医生给小蔡从伤口处接了一个管子，管子每天从体内排出大半瓶恶臭脓水，根本没有好转的迹象，这样下去，弄不好出不了几天，她就会死在病床上。为了以防万一，卫生队搞了几次专家会诊，都认为应当尽早通知小蔡家人，万一有个三长两短，也好有个交代。李政委听了卫生队的报告，觉得有道理，便想再劝劝小蔡，争取让她妈妈来照顾她。

但小蔡是怎么想的呢？她后来对我们讲：我心里就是一个想法——要死就死在外边，决不让妈妈看着自己死，免得她守着我，看着像夺了她的魂儿。

那天，李政委再次提出让小蔡妈妈来时，小蔡艰难地对李政委说："政委，你们要让我妈来，我现在就把管子揪出来，这病我不治了……"

在场的许多支队领导见蔡锦华到这会儿了还始终坚持，从不让母亲担惊受怕来考虑问题，这么懂事，这么坚强，都感动得流了泪。

那几天，来看蔡锦华的人特别多，机关所有的干部战士都来看望她，仿佛有点"最后的探望……"

时断时续，时醒时昏，吊针一瓶接一瓶地打着，那是在小蔡体内进行的战争。一面，要拯救锦华，一面，要夺走锦华；一面，要让锦华病愈去上学，一面，要锦华放弃生的希望；一面，要锦华年轻的生命放射光芒，一面，要将这含苞欲放的花蕾掐死在花季。

这是看不见的战争，而容纳这个战争的，竟然是一位年仅 24 岁的姑娘。

对病魔的绞杀延续到第七天的时候，小蔡终于清醒了，排脓管也已再排不出一滴脓水了，小蔡从病床上慢慢地坐了起来，向护士要了一面小镜子，镜子中的蔡锦华已经完全脱了像，瘦得连她自己都认不出自己。

一个月后，蔡锦华扶着墙，一个人走进花园，望着早晨的霞光，她痛哭失声……

她活了下来，然而上学报到之后，由于她的体质根本无法进行公安边防专业的学习与训练，学校只好决定让她休学一年。

第二年，蔡锦华才正式入学，又过了一年的校园生活之后，小蔡重新回到了她的战友们身边。

从地狱里走过一遭的蔡锦华，比从前更坚强，也更珍惜美好的人生。

⊕ 热　恋

★★★★★

蔡锦华在司机李启云的引领下见了方红霄一面后，差不多都过了半年多，才接到方红霄打来的一个电话。当时，小蔡真没想到是方红霄，匆匆一面之交，聊了聊也就没往心里去，接到方红霄的电话，她觉得十分意外。

其实，方红霄的电话也只是问候一下，通话不到两分钟。但是，这简单的问候是意味深长的，小蔡初见方红霄的时候，他还是一个战士，可这半年之后呢？

小蔡当然知道，方红霄已被破格提了排长。

细心的小蔡还知道：方红霄已经26岁，不少人对方红霄的婚事颇为关心，不断有红线牵来。在这种情况下，方红霄哪还会想到我蔡锦华？

那天，小蔡放下方红霄打来的电话后不久，李启云又打来了一个电话，说方红霄约她一起吃饭。小蔡一听就来了气，说："刚才他打了电话来，怎么没有说？我不去。要去，让他亲自打电话来！"就这样，方红霄又打了电话，小蔡才算给了面子。一下班，方红霄便在总队门口等着小蔡了，第二次的相见，才真正接上了线。

那段时间，方红霄一天最少要打四五个电话来。他们俩虽然相距只有六七公里，骑自行车或坐公共汽车都很方便，但或许是方红霄工作忙，或许是因为少女的矜持，两人的交流一直在电话里进行。除非到了星期天或节假日，才匆匆见上一面。

一晃，几个月过去了，方红霄"有对象"的消息不翼而飞，弄得小蔡心里没有底。怎样把关系定下来？怎样让方红霄向她彻底摊牌？蔡锦华眉头一皱，计上心来。

一个星期五下班后，小蔡故意对司机李启云说："要是方红霄来找我，你就说我跟一个男的走了！"

方红霄听小李一讲，就急了。

晚上10点多钟，方红霄打来电话。小蔡接过耳机，刚说一个"喂"字，那边方红霄就叫开了："锦华呀！你上哪去了！你跟谁出去了？"

小蔡说："怎么啦！周末了，我也得同朋友们聚聚吧，再说人家也对我挺好的。"

"那你出去也得跟我打个招呼，你不知道我找不到你有多急吗？"

小蔡说："你急什么呀！我又不是你的什么人。"

一句话把方红霄噎住了。方红霄沉默了一会儿，说：
"锦华，你是我的女朋友，你应该跟我说一声，而且你说
一声，我也不会不让你去，你这样不说一声，又找不到你人，
你说我急不急？要是我这样不打招呼就走了，你急不急？"
方红霄就是方红霄，他的真诚使小蔡无言以对。

小蔡说："那好吧，下次一定给你打招呼。"

方红霄又问："那你说今晚跟谁出去了？"

小蔡笑了，笑得特别甜，她说："我不告诉你，除非
你现在来，我就告诉你，如果你今天不来，我就永远不
告诉你了！再见！"小蔡竟然挂断了电话。

方红霄一进门，小蔡就说："好难请呀！"方红霄说：
"锦华，你今天到底跟谁出去了？"

小蔡接过话说："有人给我介绍对象，你先帮我想想，
怎么给人家回话吧？"

方红霄一听，拍脑门儿说："这还不容易，人家知道
你有男朋友了，就不会再来提这个事儿了！"

小蔡说："那要是公开了，你又对我不好，我不就惨
了吗？"小蔡的反问，无疑推动了他们的婚恋进程。

……

"誓言"宣过之后，小蔡才说："那你去找我们袁主
任说吧。"方红霄没转过弯儿来，又问："找袁主任说什
么呢？"

小蔡说："让袁主任作我们的介绍人呀！"女人在这
些问题上，总是比男人聪明。

霎时，方红霄一下子明白了，接过话说："关系公开了，
就不会再有人给你介绍对象了，好！好！"

第二天一上班，方红霄给机要室主任袁华军打了电话，
诚恳地请袁主任做他和小蔡的介绍人。袁主任非常高兴
地应承了下来，并立即找小蔡谈了话。小蔡对袁主任说：

"我听主任您的，先见见再说。"

其实，他们两人早已经热恋两三个月了！老同志被新同志蒙在鼓里，而自己还在替他们小青年瞎操心，乱忙活哩。

自从他们把关系公开之后，方红霄打给锦华的电话就明显少了。有时小蔡把电话打过去，通信员常常告诉她："方排长执勤去了。"有一次电话打过去，方红霄不在，刚好有辆车去，小蔡便搭顺车到了火车站。

来到车站后，小蔡见方红霄正在检查"三品"，那副认真的样子看上去，有一种让小蔡说不出的兴奋。她觉得自己做主谈的这个男朋友，以后嫁给他，不仅自己放心，妈妈和姐妹们肯定也放心。

正想着，走来一个1.80米左右的男人，一看就知道是个东北大汉。只见他来到"三品"检查口，将手里的一个大旅行包重重地一放，说："查吧。"

方红霄抬头看了他一眼，认真地打开了他的旅行包，翻了翻没发现什么，便又走上前，准备对其进行全身检查。结果，还没等方红霄伸手，他却掉头向站台内跑去。方红霄和另外两名战士见状，立即扑了上去。只见那个大汉强行挣脱了两名战士的抓扭，正准备向门外冲去，方红霄从后边拦腰将其抱住，并用力将其扳倒。那大汉见不能脱身，便从身上拔出了一把短刀，回身就向方红霄捅来……

不远处的蔡锦华见状忙大声喊道："红霄！"方红霄一闪身，刀从他的腰边闪过。方红霄趁势抓住那人的胳膊用力一拉，再一闪身，只见那个大汉摔了个"大马趴"，方红霄和另外两名战友一起，将那个歹徒按在了地上，很快从他身上搜出了320克海洛因。

勇斗歹徒的全过程结束了，而此时的蔡锦华却两腿不住地颤抖，难以站直。当时看到刀向红霄捅来时，她竟能大声呼叫；现在结束了，反而不知是什么原因，连走路都走不动了。更令人不可思议的是，她怎么这会儿连话都不会说了呢？

此时，她望着顾不上与她说话的方红霄，见他满脸是汗，正和战友们飞快地将那名歹徒押送去派出所，锦华想了很多很多……

小蔡后来对战友们说：她站在那里目睹了刚才发生的一切后，第一次真正知道了方红霄所处的哨位为什么那么重要；第一次意识到这个哨位将同自己的命运联系在一起；第一次真正体味到"提着脑袋拼命"是怎么回事。她先是有些害怕，万一红霄失手，被歹徒刺中怎么办？而且只要在这个哨位上工作一天，就永远距伤亡近在咫尺。一旦嫁给了方红霄，就意味着自己随时都有可能成为残疾军人的妻子，更有可能成为年轻的寡妇，她几乎不敢再往下想了……

继而，她又为方红霄和他的战友们的勇敢行为感到骄傲。是啊！总得有人与这些亡命之徒斗，要不社会怎么能安宁呢？从大处想，她觉得方红霄是英雄；从小处想，她觉得若是真嫁给这样的人，也着实太让人担惊受怕了。

那天，她不知道自己是怎么回到宿舍的，反正她一个人走在大街上，漫无边际地想了很多很多，回到宿舍往床上一躺，就睡着了……

眼看春节即将来临，蔡锦华准备了些年货，给哥哥、姐姐、妹妹和妈妈各买了小礼品，计划赶在大年三十前回到康定，与亲人们团聚。

方红霄知道后，提了一大兜水果和食品跑来了。小蔡见了，真不知该怎么对他才好。现在关系已经公开，也真正知道了方红霄干什么，小蔡是又珍爱方红霄的人品，又担心他的工作太危险，一旦让妈妈知道了，肯定说啥也不会同意的，她不知该怎样向方红霄表达自己内心的矛盾。

方红霄一眼就看透了小蔡的心事。凭着直觉，他已觉察小蔡最近的情绪不对，尤其是前两天小蔡告诉他，她亲眼目睹了他与歹徒搏斗的情景之后，事情可能发生了些变化，虽然这变化不大，但也不能小视。

方红霄心里有一个老主意，说什么都可以，如果她对自己的职业有顾虑，那么，我方红霄就绝对不会勉强的，甚至会高兴与其分手，免得日后让人后悔，自己心里也不是个滋味儿。

方红霄将水果和食品往桌上一放，关爱地问小蔡："几号走？订票了吗？"

"订了，是后天的。"小蔡答应道。

方红霄对小蔡郑重地说道："锦华，你这次回家，恐怕得向家人说到我吧？"

小蔡抬眼看着方红霄，不知问话是什么意思。

方红霄接着说道："我考虑，你这次回去后，好好征求一下家人的意见，我的工作是很危险的，我考虑这事情怎么都绕不过去，如果你回去不说，以后家人知道你嫁给了我，他们一定会很生气。"

方红霄单刀直入，干脆将问题挑明了，弄得小蔡不知如何作答。那天方红霄没坐多久，问明了后天小蔡所乘的车次后，便回中队了。

方红霄刚进中队，小蔡的电话就打来了："喂！红霄吗？你能不能同我一起回康定？"一个明朗的态度，赢得了一个明朗的回复。方红霄略一想，说："我非常愿意同你一起回家，但现在我还说不准，如果工作能安排开，我一定陪你去！"

刚出权儿的情，很快又融合了。

上车前，小蔡拉着方红霄的手说："等我的好消息。"

锦华走了两天，方红霄真觉得心里空荡荡的。过去每天打几个电话，互相说说话，问问工作上的事，觉得挺充实。现在猛然一下子没人说话了，还真有点受不了。他找到指导员史朝友商量完工作后说："指导员，我能不能过了'三十'，请一个星期假。"

史指导员早就摸准了方红霄的"脉"。知道小蔡一走，红霄肯定不安心。昨天就琢磨过了，只要方红霄一张口，就准他的假。

三十晚上中队除了执勤站哨的，全都在收看"春节联欢晚会"。史指导员悄悄来到方红霄身边说："明天去康定，第一次见小蔡家人，恐怕还不能空着双手吧？"说着从身上掏出一叠钱，放在方红霄面前说："车站到处都是商店，快买些东西带上吧。"

望着史指导员，方红霄真有一种亲如兄弟的感情在升腾。但他什么也没说，一把抓过那一叠钱，向指导员点了点头，便出门而去。

方红霄从西昌下了火车，又赶到了汽车站，但到康定的汽车还得再等两小时。按说，西昌是卫星城，既然来了，怎么也该利用这段时间到城里转一转。但此时的方红霄一点转的意思也没有，他坐在候车室的长条椅上，一坐就是两小时，直到他上了汽车，才发现给小蔡家带的"礼品"，全都忘在了椅子上！

大年初二晚上 9 点钟，方红霄敲开了蔡锦华家的门。一进门，就赶快将刚从门口商店又买的烟酒之类的礼品放在桌上。

小蔡回头一看是方红霄，兴奋地喊道："红霄！"全家人欢乐无比，其乐融融。

跑马山是康定的第一风景胜地，也是那首著名的《康定情歌》的诞生地。早在来康定之前，方红霄已不知听过多少遍了，什么杜鹃花漫山遍野呀，什么藏族的帐篷一点点呀，每到跑马会，藏族同胞就来赛马呀、摔跤呀……。所以，第二天，小蔡就拉着方红霄的手，步行三四里地，来到了跑马山。一对恋人一口气爬到了山顶，望着山下的田野和村庄，望着远处的工厂和楼房，小蔡不禁脱口唱出了那首传唱很远的歌：

> 跑马溜溜的山上
> 一朵溜溜的云哟
> 端端溜溜的照在
> 康定溜溜的城哟
> 月亮弯弯　弯弯
> 康定溜溜的城哟

红霄接着用略带湖南口音的嗓子唱道：

> 李家溜溜的大姐
> 人才溜溜的好哟

张家溜溜的大哥

看上溜溜的她哟

月亮弯弯　弯弯

看上溜溜的她哟

➡ 一推再推的婚礼

★★★★★

1996 年 5 月，方红霄与蔡锦华领取了结婚证书，并商定在 6 月份举行婚礼。自那以后，蔡锦华常就婚姻大事进行"热线"交流，周末或双休日在一起，也总离不开这个话题。

方红霄对蔡锦华说：锦华，你到贵州看过黄果树大瀑布吗？那可真的壮观啊！飞流直下三千尺，那宽大的水流像洁白的玉练，从山崖之上倾泻下来，跌落到岩石上，撞起巨大的水浪，排山倒海般的气势，让人看了劲头十足，给人力量，促人上进。若是你运气好，遇上太阳与水雾折射，就有可能看到七彩的霓虹，像一架横空凌越水面的天桥，从瀑布的这边，伸到那边，真是美不胜收。人说，瀑布是雄壮的美，而霓彩云虹则像天女的彩带，在人间挥舞，好不壮观娇美啊。

小蔡没有去过黄果树，她说：真有这么美吗？那结婚时你可一定带我去看看呀。

方红霄又对蔡锦华说：锦华，你去过内蒙古大草原吗？那一望无际的地平线上，慢慢移动着牛羊，奔驰着骏马，那点点的帐篷，似白色的星星在绿茵茵的草原上闪烁。清晨，身着七彩服装的蒙古族少女手提奶桶向牛羊走来，她们挤奶，她们欢笑，她们能歌善舞……当你走进他们的帐篷，他们会为你宰杀牛羊，捧上最纯最纯的奶茶和青稞酒，让你品尝，让你豪饮；当你推辞时，他们就为你唱歌，不停地唱，直唱到你喝下她们双手捧着的酒，他们才肯罢休；要是你有幸在蒙古族同胞家里过夜，那么晚上他们会一直为你唱歌；而尤其让人感动的，则是蒙古族老人会乘着酒兴，为你唱起蒙古族古老的歌谣，那歌谣你肯定一句也听不懂，但你会从老人满脸纵横飞迸的泪花中，感受到蒙古族同胞命运的旋律，感受到蒙古族人民那种生生不息的顽强精神，感受到一个民族悠久深远的历史……

△ 载誉归来，受到部队首长欢迎时合影

小蔡没有去过内蒙古，她说：真的吗？我最爱唱那首《草原之夜》的歌了，这支歌跟《康定情歌》一样，都是那样的真挚，那样的浪漫。结婚时咱们一定要去内蒙古草原看看呀。

方红霄又对蔡锦华说：锦华，你去过天安门吗？咱们到时候一定要在天安门前的国旗下照张相，和国旗护卫队的战友们站在一起。你知道不知道，每天，护卫队的战友都是天不亮就起床了，他们一分一秒都不差地从天安门正步走出，走到旗杆下升旗。你要知道，国旗手每天的升旗速度，是与太阳升起来的速度一样的，全国各地每天都有成百上千的各族人民来观看升旗，那时，当你听着嘹亮的《国歌》，站在国旗下，你会不由自主地发现：作为一个中国人是多么的幸运，多么的幸福，多么的自豪。观看国旗护卫队威武雄壮的升旗仪式，你会觉得作一名中国武警，是我们一生千载难逢的历史机遇啊。

小蔡没去过北京，但她从电视上看见过天安门，看见过升旗。她想象着对红霄说：要是能站在国旗下和天安门的武警战友并肩站在一起照张相，那该多么有意义啊！

红霄说：锦华，你放心。我们中队和天安门国旗护卫队结成了"互学"中队，咱们结婚时，我一定带你去找他们，又不提什么特殊要求，仅仅是照个相，这绝对没问题。

真的吗？锦华觉得自己像在做梦。

诺言，一个接着一个的诺言，就在这宛若燕语呢喃的倾诉中抛出，然而方红霄能否兑现他给蔡锦华许下的诺言呢？

从领取了结婚证书之后的一个月里，小蔡几乎就是一个欢乐的孩子。她记住了红霄给她许下的诺言，她信任红霄。她知道，她的红霄哥哥一定会尽一切努力来兑现他说过的话的。

锦华每天都在扳着指头算天数，在他们商定的结婚日——1996 年 6 月 1 日，即旅行结婚出发的日期下，划了一道红杠杠，过一天，在过去的日期上划一道，标志着已经过去了。

然而，方红霄仍然是每天在中队，只有星期六才回来一下，来也匆匆，去也匆匆。沉浸在欢乐中的小蔡根本没有觉察红霄的工作实在太紧张了，她在做各种准备，在给妈妈打一个又一个的长途电话，告诉两个哥哥，一个姐姐，一个妹妹，她要出嫁了，她的夫婿方红霄说了，要带她到黄果树去看大瀑布，要带她去内蒙古草原喝奶茶，要带她去北京和天安门武警国旗护卫队的战友们合影……

5月28日晚上，方红霄打来了电话，说他最近特别忙，又回不来了。

小蔡有点失望，但也没说什么，只是随口问了一句："咱们六一走，你向领导请假了没有？"红霄说："还没呢！"

"还没请假啊？到时候能请下假吗？这可是一个月前咱们就商量过的，你不早请假怎么能行？"

"我知道了，能请我会请的，你先别急。"

小蔡一听就急了，说："什么是能请会请的？请假就是请假，还有能不能的？还我先别急呢？不是你急着要结婚，天天催我领结婚证，现在领了证，法律上认可了，你是不是又不急了？"

"锦华呀，我们中队最近实在事情太多了，现在不仅贩毒猖狂，一到5月，贩票也猖狂了起来，旅游旺季又到了，我跟你一句话两句话也说不清楚，等有时间我再对你说，好吗？那边排里战士们已等我去汽车站查'三品'呢。"

"怎么又查起汽车站了？"

"锦华，现在贩毒分子都知道火车站查得紧，来到昆明后，都不从火车站走，改乘汽车，到出昆明两站路以外的地方再上车，绕开了我们车站的'三品'检查口。前几天从前边抓了好几起贩毒团伙，上级要求把好各个关口，决不能放过一个贩毒分子！"听了红霄的话，小蔡什么也没有说，便将电话放下了，她预感这次的旅行结婚，看来是要打水漂了。

然而希望并不是没有。

5月29日晚，方红霄再次打回了电话，他对小蔡说："锦华，告诉你一个好消息。"小蔡以为假批下来了，高兴地说："假批了？"红霄说："不，是指导员今天问我了。"

"问啥了？"

"问咱们什么时候结婚？"

"你告诉指导员了吗？"

方红霄停顿了一下，对锦华说："我话就在嘴边，可没有说出来。"

"咋啦？有什么说不出口的，更何况中队人人都知道咱们结婚证都领了，就等举行仪式了。"

"锦华，你不知道我们中队现在情况特殊，不仅干部人手不够，现在连兵都不够用了，执勤时间都从过去的一班哨两小时，提到了两个半小时换一次，我这时候提出来，明显不合适。不过指导员今天倒是催了我，说工作再忙，婚还是要结的，让我早点把结婚时间定下告诉他，由他安排。"

▷ 在北京人民大会堂作英模报告间隙，与天安门国旗护卫队官兵交流心得

小蔡一听，忙说："你看，你看，还是人家指导员想得周到，你顺水推舟，赶快告诉他吧，我们全家都知道咱们六一结婚，大哥、二哥、姐姐、妹妹又寄了几千元钱来，都支持咱们旅行结婚，你千万别再犹豫了。"

"我、我现在说不出口啊! 锦华。"小蔡一听，气得把电话"咔嚓"一声给挂了。

5月30日晚上11点多了，小蔡在等方红霄的电话。本来，她想好了，今天红霄打电话来，她准备不接，并嘱咐四楼服务员说："就说我一个人出去了。"

结果，今天楼道的电话出奇的安静，连一个电话也没有。宁静，有时对人来说，不仅不能使人安静下来，反而会更加使人烦躁。

此时，楼外下起了瓢泼大雨，而楼内的宁静却使小蔡更加不安。红霄今天怎么了? 为什么到这时还不来电话? 是出事了，还是昨天生我的气了? 是请不下假不敢打电话来，还是又怕我着急?

……思绪纷乱，她简直无法安静，几次，她甚至想跑过去给红霄打个电话问问，但又转念一想，万一他是故意不给自己打电话，而是非要等我先打过去怎么办? 想到此，她便又倒在了床上，咬着牙说："等，我不信他今天不打电话来。"

马上就到12点了，楼道的电话仍然一声不响。突然，她想到，是不是电话坏了呢? 她跑过去拿起电话，电话一切正常。

片刻后，她终于忍不住了，随后拨通了方红霄中队的电话："红霄在吗?"

"你是谁呀? "

"我是蔡锦华，请方红霄听电话! "显然小蔡有些急躁。

"嫂子，方排长两小时前骑摩托撵汽车去了，有几个贩毒分子下午6点左右乘汽车走了，接到举报后，方排长他们三人冒着大雨就走了，连雨衣都没顾得上穿，中队长和指导员他们现在也都很着急，正在大门口等他们呢！"

小蔡一听，刚放下的心又悬了起来，她对通信员说："方红霄回来，不管是几点，你都让他给我打个电话来，千万记住！"

"忘不了！"

放下电话，小蔡就在房子里转开了，时间一分一分、一小时一小时地向前走着，大约走到了凌晨6点，小蔡仍然在楼道内来回地走着，后来实在太累了，便坐在四楼楼道的服务台前，守着电话睡着了……

早晨7点，服务员开门一看，小蔡趴在服务台上睡着了，便推醒她说："蔡姐，蔡姐，你回房睡去吧。方哥来电话

△ 为即将上岗的战士传授执勤经验

我喊你。"蔡锦华抬眼望了服务员一眼，说："没事儿。"

正在这时，电话铃响了，锦华一把抓过电话喊道："是红霄吗？"

"是，是我。"

小蔡什么话也说不出了，方红霄在电话中"喂喂"地叫着，锦华却热泪一个劲往外涌……

明天就是"六一"了，按计划，这个日子他们应当双双乘车去旅行结婚。然而这一天，从上午到下午，方红霄连个影子都没有见，直到晚上10点多，方红霄匆匆地回来了。一进门，便将小蔡抱了起来，把小蔡高兴得两腿乱蹬。放下小蔡，方红霄说："锦华，我们中队长、指导员及全中队的干部，都半个多月没回家了，大家说你就要做新娘子了，决不能冷落了你，给了一小时假，非要让我立即回来安慰安慰你，你看我们中队领导和战友对你多好啊！"

"你的意思是他们若不让你回来看看我，你就不回来了，是吗？"方红霄被问得说不出一句话。接着小蔡指了指桌上的两个包和一袋水果对红霄说："明天几点走？订票了吗？我把所有的东西都准备好了，就等你回来一起走了。"

"锦华，这次肯定走不成了，下次吧？啊！反正领了结婚证，咱们已经是一家人了，何必非要走那个？"

小蔡一听，再也忍不住了："你领结婚证前说得多好！又是黄果树，又是大草原，现在可好，不仅不去了，竟然又说连婚礼也不举行了，我是跟你私奔吗？！"

方红霄忙说："老婆、老婆你别急，咱们一定搞个隆重的婚礼！一定搞！好吧，再等一个月，下个月举行，好吗？"

小蔡没有说话，她说什么呢？红霄根本没有请假，倒不是因为领导不批，而是因为他张不开请假的"口"。这一拖，竟然就拖了一年多！

而锦华的家人左等不见锦华结婚的消息，右等不见锦华外出旅行的信息，母亲有些急了，连着打了几次电话，催问没有结婚的缘由，生怕这一对年轻人处理不好关系，是不是又"吹了灯"或是打了架？但几次打来电话，锦华都替红霄打了圆场，说红霄实在是太忙了，他也特别想早日把婚结了，但确实是由于种种原因，无法如愿。说到最后，锦华干脆撒起了谎，她对母亲说："妈妈，红霄每天不管工作有多辛苦，多么忙，都回来看我，对我也特别好。看着他每天忙成那个样子，我也不忍心再给他施加压力了。"

　　母亲一听锦华这样说，便也忍住了。然后，语气和缓地对锦华说："孩子，不是妈说你，而是婚姻之事可不是儿戏，你们既然领了结婚证，就是夫妻了。如果不搞个仪式，恐怕以后你要吃亏的，现在你们是好不够，爱不够，到了有一天翻起脸来，你连个婚礼都没举行，你想想看，是不是让人笑话，让人瞧不起？"锦华听着母亲的话连连点头，她只有在此时此刻，才深深地体会到了妈妈对自己的深切之爱。

　　是啊，谁还会对自己说这番话呢？

　　1997年春节前夕，锦华与红霄的婚礼已经向后推了一年多了。锦华母亲再次发急，干脆买车票到了昆明。她想好了。此次来昆明，就是一件事——坐镇昆明，把锦华的婚姻大事办完满，决不能再拖了。

　　方红霄一听锦华母亲来了，知道少不了要挨批。作为晚辈，他想好了，锦华母亲发急说些过头话是难免的，自己一定要忍得住。

　　那天一进门，锦华母亲坐下还没有两分钟，就对他说：小方，你老实说，你是不是不喜欢我家锦华啦，为什么推三拖四不结婚？"

　　"工作是重要，但也要成家呀，不成家你怎么静得下心？"

　　"锦华也这么大了，你不为自己着想，也得为锦华着想，对吧？"

　　"连个仪式也不搞，这让人家怎么看我姑娘？以后你们有了孩子，外人还以为我姑娘怎么着呢！"

......

方红霄静静地坐着，听着岳母大人的劝导、训斥，心潮起伏，久久不能平静。平心而论，对小蔡，他是亏欠了很多很多。所以，当岳母批评他时，他一句申辩的话也没有说，他只是说："我尽快请假，尽快请假，一定给您一个准时间，您千万别生气，千万别气着，我跟锦华好得很，不信您问锦华就知道了。"

别看方红霄对付犯罪分子挺凶的，但在自己家人面前，他却是一个非常温顺的孩子。锦华妈在昆明的日子里，红霄确实尽了最大的努力，又是安排岳母游"翠湖"，又是陪着去西山"龙门"，每次陪完回来，连门都还没进，就对岳母说："妈，您先回去吧，我得赶回中队，就不陪您吃饭了。"说着就跑了。

和方红霄相处了些日子，岳母的气明显小多了，尤其是听红霄说已正式向领导报告并请了假，准备等今年春运高峰一过，拟定在3月举行婚礼之后，更是乐得合不拢嘴。有时看到方红霄日渐消瘦的脸，便告诫锦华："小方最近瘦了，你要多体贴啊。"

有段时间红霄回来少了，锦华有气，岳母便替红霄做工作说："小方忙，你要支持他。来，把这罐鸡汤给小方提去，叫他不要累坏了身子。"

锦华便提着鸡汤到车站，弄得方红霄极不好意思。锦华却没事儿似的，说："这有啥，恩爱夫妻就应该这样。"说得方红霄直拽她的衣袖："你声小点儿行不行？"

有时红霄回来晚了，又没有提前说，岳母和锦华都以为他不回来了，就先吃了饭。看到红霄回来了，岳母就忙着给红霄做饭，直到红霄狼吞虎咽吃开了，岳母才坐在他身边，看着他吃饭。那情景，真如亲生的母亲慈爱地望着儿子一般。

方红霄也没有辜负岳母大人的希望，他虽将婚期向后推了一年，但却在年底荣立了二等功，并被评为"昆明市十大杰出青年"。

春节到了，支队领导来看望小蔡的母亲，一进门就向老人道歉，政委和支队长都对锦华母亲说："真对不起您和小蔡，让红霄把婚礼推了一年多,这是我们工作中的失误,对干部用得多,关心得少。我们已经批准了红霄的婚假,一定尽快让他完婚,咱们中国人,婚姻是头等的大事。"

锦华他们袁主任也来了,一进门就说:"告诉你们一个好消息,组织上给锦华他们分了一室一厅的房子,现在就可以搬进去了。"把小蔡高兴得跳了起来,而妈妈却对锦华说:"组织上对你们真关心,你们年轻人一定要好好工作呀!"

红霄接过话说:"妈,你放心,没有组织,就没有我和锦华的今天,我们的每一点进步,都是组织培养的结果。"

锦华母亲非常高兴,说:"有你们领导的关心,我就放心了。"这时,政委回过身对方红霄说:"今年3月结婚,时间已经不多了,抓紧点,安安心心、利利索索把婚先结了,工作上的事不用担心,我们来调整。"小方看到支队领导对自己这么关心,心里热乎乎的。

锦华的母亲更是高兴,连连对锦华说:"这下好了,这下好了,领导们都说话了,咱们也赶快准备吧。"

3月5日,是毛主席"向雷锋同志学习"题词发表纪念日,方红霄和岳母及锦华商定,将大喜的日子定在这一天,以激励这个新诞生的"小家"成员向雷锋学习。之后,方红霄就投入到了紧张的工作中,而锦华则在工作之余,抽空就跑大商场,从大彩电到大沙发,从床上的被褥到牙刷牙膏,锦华每天都是跑得满脸通红。又一个美丽的梦,在领导们的关怀下,就快要编织好了。

离举行婚礼的日子还有不到一星期的时候,方红霄预感这次可能还要将婚期推后。原因是今年的春运虽然刚结束,但接着而来的却是"民工潮"和大学生"返校潮",把个车站每天都挤得满满的。加上票贩子倒票非常猖狂,致使昆明站每天都有几千人滞留。

有的旅客走不了，着急上火，将电话打到了市长乃至省长的办公室说："你们昆明站的车票，都翻了两三番了！你们知道不知道？"

为此，车站公安、派出所以及武警中队连续开了几次会，并进行了几次严厉的打击，但仍然有票贩子铤而走险；与此同时，昆明站目前的贩毒团伙也十分猖狂，他们看到车站公安人员人手不够，胆子也大了起来，有时闯关的贩毒分子一天就能抓住两三起。

这个时候，方红霄心里明白，是绝对不能提结婚之事。但往后推又必须提前向家人"报告"，而且还必须提前说，再不能像上次那样，虽然推是往后推了，效果却不好。不仅锦华生了气，还惹得岳母大人也动了气。

他想了想，决定这次提前向岳母及锦华摊牌，把情况讲清楚，争取得到理解和支持，事情就好办了。于是，他仔细地将工作安排停当，抽了一个能回"家"多坐一会儿的时间，回到了锦华和岳母的身边，并想出了一个更好的日子——7月1日，香港回归之日，来代替3月5日，作为结婚典礼的大喜之日，红霄想，选在这普天同庆的大吉之日，岳母和锦华一定会很高兴的。

果然，方红霄回家后，不紧不慢地将车站的情况一五一十地向岳母及锦华作了"汇报"。岳母大人首先表示了理解，继而未等女儿锦华说话，就表态支持红霄推迟婚期的决定。

事已至此，锦华还能说什么呢？她望着床上那一堆她和妈妈剪好的大红囍字，说："你们都同意推后，那就推吧。"

锦华话虽这么说了，但明显看得出她的情绪不对头。岳母对锦华说："小四儿，你看，无论是你的领导，还是红霄他们领导，都对你们挺关心，又分房子又安排时间让你们结婚。你想想看，现在结婚不是不可以，而是现在很显然对红霄工作有影响，一旦说起来，现在都忙得脚不沾地了，红霄干什么去了？人家说他结婚去了，我琢磨着不好，而且也对不住你们双方的领导，你说是不是？"

停了片刻，岳母观察着女儿，一看锦华没反应，以为她还不太通，便又对锦华说："过去呢？我是觉得不放心，怕红霄骗你。现在到昆明来看到了红霄的工作，知道了他的为人和人品，所以我放心了。说实话，

△ 被采访的方红霄

结婚搞个仪式，其实也就是这个意思，是告诉四周邻里，你们结婚了，彼此了解了，要过一辈子！其实呢？只要两人好，法律上认可，婚礼嘛，早一点，迟一点，也都一样。"这一席话，才把锦华说笑了。她对妈妈说："妈，这可是你说的，以后红霄再变了心，不要我了，你可得替我做主！"

看到女儿想通了，岳母很高兴地对红霄说："推时间的事儿，你就别张扬了，只要领导不提，你们就到 7 月 1 日结婚时再说，免得让领导再费心。"

二次推迟婚期，没有眼泪，也没有埋怨，有的只是两个字——忍耐。

香港回归的倒计时牌在一天天地往前翻，方红霄与蔡锦华的婚期也眼看着进入了最后的日子。

这几天，小蔡买回了红请柬，按照母亲的吩咐，她找来了机关写字写得特别好的小张来帮她填写。从下午两点钟开始，填到了晚上吃饭时间，还差几张没填完。为了表示感谢，锦华母亲炒了几个好菜来慰劳小张，可小张说什么也不肯留下吃饭，填完了最后一张，便坚持告辞走了。出门时，小张回头对小蔡说："你们太忙了，太忙了，到你们结婚时补上就是。"

送走了小张，母女俩赶快吃了饭，然后将小蔡的好朋友和直接领导的请柬选出来，装到一个包里，两人一同出门发请柬。直到晚上 11 点多才回来，红霄打了几次电话，家里都没有人接。幸亏红霄知道锦华有她母亲陪着，才放下心来。

第二天，机关刚好有辆到车站的车，小蔡便匆匆跑回家，把昨天写好的请柬取出，交给了司机。嘱咐说："赶快交给方红霄，千万要交到他手上，告诉他，我的朋友和领导的请柬都发完了，让他快将他的朋友及领导的请柬送去，要亲自送，别马虎。"

请柬送到车站的时候，方红霄正好不在中队，司机开始犹豫不决，是带回去还是交给其他人？后来他灵机一动想到，既然小蔡都已将请柬发出去了，不妨将请柬交给指导员史朝友，把话交代清楚，让方红霄回来后尽快发出就是了，再带回去怎么办？那不是还得找人或亲自送来吗？想到此，司机便做主将请柬送到了中队，亲手将请柬交给了指导员史朝友，并将小蔡临行时交代他的话，又重复了一遍。

史指导员拿着请柬就乐开了，他对司机说："咳！这事儿还不好说，你等等，我把总队机关的挑出来，你再带回去，替红霄将这一批先发下去；我们支队的我亲自发，红霄现在忙得很，留着让他发，那还不知要拖到什么时候。他们连酒店都订好了，这事不能误。你回去替红霄发完之后，告诉小蔡一声，就说你我都替她发了，让她放心就是。"说完，便叫通信员："小李，叫车，我到支队送请柬。"

这一天，是6月28日，离方红霄结婚还有3天时间。

方红霄回来时，已经是晚上9点多钟了。他拿起电话正要给锦华打，史指导员忙说："哎！等等，等等，我先给你汇报一件事。"

说着史指导员走了过来，对方红霄说："今天小蔡派人送来了一大摞子请柬，说你们7月1日举行婚礼，让你亲自把请柬发到。我拿起一看，主要是两大片儿：一片儿是总队的，另一片儿是支队的，还有几张是地方的。我把小蔡派来的人叫住，让他将总队的带回去发了，支队的我下午亲自送去了，这不，还有三五张，是我不认识的，估计都是你地方上的朋友，那就交给你，由你发吧。你看这事儿这样办，是不是提高了效率？"

方红霄接过史指导员递给他的几张请柬，翻开其中一张一看，只见红色的请柬上写着："李正基、张小芬夫妇：兹定于1997年7月1日上午9时30分，在翠湖酒店举行方红霄、蔡锦华结婚典礼，敬请您夫妇光临！"

方红霄看后眉头立即皱了起来，忙对指导员说："坏了！坏了！请柬真的发下去了？"

史指导员说："小蔡说她的朋友和领导的已由她发出去了，送来的都是你的领导和朋友的，我一听既然她都发了，而且现在时间又这么紧，若不抓紧，等你回来发，那就又要拖一天了。所以我当机立断，替你做主，就立即将请柬发出去了。怎么，到这时候了，你还要变呀？"

方红霄望着史指导员说："不是我还要变，而是不变根本就不行。你想想看，现在咱们中队的任务有多重，迎香港回归，全市都在动，还要开庆祝大会，又要保证列车正点，又要把好'三品'检查关，我粗略算了一下，光7月1日那一天，就是全中队的干部战士全都派上去，也还有几处的执勤哨位兵不够。现在还不敢说支队到时候有没有临时任务，要是再来个突然袭击，调我们几个兵去执行临时性任务，那你看吧，肯定就拉不开栓了。这事儿，我觉得必须早想到，否则到那天任务耽误了，婚又结不成，那我可就里外都不是人了。"

史指导员说："哪能！你也想得太多了，只要组织得好，把你解放出来娶媳妇儿，那还是没问题的。"

方红霄接过话说："我看有问题，七一香港回归是全国人民的大事，而咱们这儿这么紧张，在这关键时刻我却在娶媳妇儿的半道上，那还行？再说，支队党委刚宣布让我代理中队长工作才一个月，万一出点事儿，就对不起组织对我的信任了。"

史指导员一看方红霄推迟婚期的决心已定，就用商量的口气对方红霄说："那要变，你怎么向小蔡解释呢？俗话说再一再二，不能再三了，你要是再推，那就是三推婚期了。你想好，别到时候你们两人闹别扭。"

"老史呀，所以嘛，这事你还得帮帮忙，陪我一起去同小蔡说，你看怎么样？"

史指导员说："这事儿你让我去说？你们两人之间怎么说都可以，我掺和进去，不，这事，尤其是劝人家推迟婚期的事儿，我觉得有点缺德，不能说。"

方红霄一听，便严肃了，说："老史，你真的不帮我？

122

△ 载誉归来，受到火车站中队官兵热烈欢迎

真的？"说着，他双眼紧盯着史朝友。史指导员说："你要有思想问题，我肯定帮你解决，批评你都行，可这事儿……"

方红霄又是一句："说干脆的，你帮不帮吧？"

将军了，是跳"马"，还是保"将"？

史指导员没办法，只好说："那这样吧，你呢，先回去说说，进行一下火力侦察，如果难度很大，我再去，如果你能说服他们，你就别难为我，非让我去了，你说好不好？"

方红霄说："不是我不会说，而是这嘴有点张不开呀。"

史指导员说："对呀！你们是一家人，话都说不出口，我一个外人，怎么好插嘴多舌呢？"

史指导员来了个支"招"的动作，把自己藏在了沉默中。

方红霄没办法，看来非硬着头皮说了。

方红霄回到家刚说了几句，意思是看来"七一"结婚又有点问题了，中队实在拉不开栓。岳母一听急了，说："小方啊，请柬都发出去了，你再推可就说不过去了；再说从去年到今年，领导上也都知道你为工作婚期一推再推。现在眼看又到了婚期，你就是请个一半天假，把婚事办了，也在情理之中；更何况咱们中国人还是个讲究礼仪的，为这事儿请假，恐怕大家也都能理解。"一番话入情入理，说得方红霄无言以对。

小蔡也抢过话来说："红霄，你现在是越来越不像话了，弄得我像是在撵着你结婚！领结婚证书前你说得多好，又是黄果树，又是大草原，还说要去北京，去天安门呢！现在可好，恨不得啥都不搞了？！"

正在"战争"逐步升级之时，有人敲门。方红霄赶忙去将门打开，一看是指导员史朝友，心想你终于来了，再不来，我可真的招架不住了。只见指导员史朝友盯住方红霄看了一会儿，已猜出他目前的处境，这时方红霄向他使了个眼色——意思是：情况不好。

史朝友到底是指导员，进门后，就先开了口，他说："最近呀，我们中队的事儿太多了，马上'七一'，香港回归，支队、总队都来了通知，而且还要从我们中队调人出去，红霄呢？才代理中队长一个来月，人手的确调整不过来了。这几天他回来的少，请你们别生气，要有气，先骂我吧！不过请阿姨、锦华、红霄你们放心，你们结婚的请柬，有一半是我发的，所以嘛，就是天塌下来，全中队 24 小时不合眼地加班执勤，我们也要保证红霄、锦华他们把婚结了。这事再不能推了，再推我就有点对不住红霄、锦华，更对不住阿姨您了。"说完这一番话，史指导员望着锦华妈，那恳切的目光似在问——阿姨，我说得对吗？

沉默，仿佛这是一个极其严峻的问题，谁也不愿先开口。

"是我的什么话说错了吗?"仍然是史指导员忍不住先说了一句。

接着,是锦华妈说话了,但却是冷冷的一句:"看来这七一又结不成了。"

"为啥结不成?史指导员都说了,一定要结!"锦华说。

"锦华!怎么这么不懂事呢?"锦华妈喝道。

锦华一看母亲这样说,而红霄则低着头不说话,泪水一下子夺眶而出,喊了一声:"妈!"扑到母亲怀里痛哭起来。

看来,任何人的忍耐,都是有限的。

然而,中国人的可贵之处正在这里,明知忍不下去了,但仍然要往自己的心里忍,有时真能忍出奇迹来。

还是史指导员有办法。他一看小蔡哭了起来,忙对大家说:"哎哎哎!后天就当新娘子了,哭什么?我只是说工作忙,并没有说不让你们结婚嘛,婚一定要结,一定要结!"

方红霄一看,刚刚扭过了结婚的话头,怎么老史又将话说回来了呢?急忙说道:"老史,七一香港回归,我和锦华结婚的事儿,暂时放一放,大事儿小事儿,我想,我们一定会安排好的。"

锦华母亲说:"对,我也想,推就推吧,反正已经推了两次了,再推一次也无妨。只是你们下次再选日期,一定选个普通的日子。别老在那些节日里琢磨!那些日子,是大家的,不是你们武警的,你们武警呀,我看了,每到这时候,就正是你们忙得没空儿的日子!"

"妈!……"方红霄听锦华妈这样说,感到岳母真的理解了自己,理解了武警,不由自主地由衷地喊了一声。

史指导员亲历这感人的一幕,也不禁感动得热泪盈眶……

那一天，他们商量，将婚期推至 1997 年 12 月 12 日举行，既不沾 1998 年元旦，也不靠春节，他们说："咱们普通人，就选一个普通的日子结婚。"

　　1997 年 12 月 12 日，方红霄与蔡锦华举行了婚礼。

后 记

剑胆琴心

　　花朵鲜艳夺目，是因为有一片片绿叶的陪衬，绿叶的情意之于花朵，是一个永恒的让人讴歌的话题。绿叶给花朵提供了完美展现自己的氛围。单有绿叶或单有花朵，都是很容易让人产生缺憾之感的。

　　方红霄的出现让人不感到意外，也不感到偶然，更让人不致产生缺憾，是由于他周围的成长环境里，有一大簇养分丰盛的高质量的"绿叶"。这簇"绿叶"，由一个个单一的叶体组成。这就是火车站执勤中队里的群体英雄。群体英雄，个个都是共和国军功章的拥有者。我们已数不清方红霄之前之后，有多少战友受过嘉奖、立过三等功，仅只将二等功以上的功臣们略略信手加以统计，就使我们从内心感到惊奇，杨露、黄克利、陈刚、冉伟、李天喜、卢大海、张涛、廖全祖……

　　方红霄是武警部队重新组建以来，总结宣传的第一个全军全国重大个人典型，宣传规模大，持续时间长，各界反响好。

　　方红霄的哨位在武警部队数万个哨位中具有独特的代表性，其事迹具有鲜明的时代特色，鲜明的武警特色，鲜明的当代军人特色。围绕"人民的忠诚卫士"这一主题，在中宣部、总政治部的具体指导下，武警总部政治部会同云南省委宣传部、云南总队政治部组成联合调查组，先后3次集中对方红霄的先进事迹进行系统总结，整理出报告、故事、日记、书信、报刊剪贴等50余万字的宣传材料，对方红霄先进事迹的精神实质和内涵做了深入的开掘梳理，具体概括为"四个面对"、"三个体现"。即：面对困难不低头，面对金钱不伸手，面对美色不动心，面对死神不后退；体现了人民军队全心全意为人民服务的宗旨，体现了人民卫士威武不屈的英雄气概，体现了共产党员无私无畏的浩然正气。生动感人的典型事例，印证了方红霄"站着，是犯罪分子胆战心寒的一把利剑；倒下，是犯罪分子不可逾越的一道屏障"的豪迈誓言。

方红霄先进事迹在全军全国产生了广泛的影响。向全社会展示了武警部队"永远做党和人民的忠诚卫士"的可贵精神。方红霄是武警部队忠诚卫士的杰出代表，通过对方红霄先进事迹的宣传，展示了武警官兵坚定正确的政治信念、精湛过硬的军事技能、勇敢顽强的战斗作风和一尘不染的浩然正气；展示了广大官兵"永远做党和人民的忠诚卫士"的强烈意识和自觉行动。许多同志对我们说，从方红霄身上我们看到了新一代武警官兵的精神风貌和全面素质。树立了武警部队威武之师、文明之师的良好形象。干部群众赞誉说：方红霄的形象就是武警部队的形象，从他闪光的足迹里，我们看到了武警部队的现在和未来。驻港部队深圳基地政治部主任陈杰座谈时说："驻港部队的官兵也是每天往返于两种社会制度、两种生活方式、两种意识形态之间，环境越特殊，就越需要像方红霄那样忠于党、忠于祖国、忠于人民。"云南民族大学布依族女大学生师瓦说："方红霄之所以能够成为英雄，是因为他对党有深厚的感情，对人民有赤诚的爱，对国家有强烈的责任感，这正是我们当代大学生所应具备的思想素质。"深圳海关干部李启明在座谈时认为："方红霄的革命气节是我们海关关员必备的素质，我们一定要对照英雄找差距，一身正气守国门。"方红霄的事迹有力地推动了地方和部队的精神文明建设。方红霄先进事迹报告团所到的部分省市，大都是经济比较发达地区，当地党政领导听完报告后一致认为，在深化改革中迫切需要方红霄这样的先进人物倡领新风，为经济建设鼓劲加油。方红霄的先进事迹是宝贵的精神财富，必将激励人们为两个文明建设不断贡献聪明才智。

/100位

新中国成立以来感动中国人物 /

丁晓兵　马万水　马永顺　马恒昌　马海德　中国女排五连冠群体

孔祥瑞　孔繁森　文花枝　方永刚　方红霄　毛岸英

王　杰　王　选　王　瑛　王乐义　王有德　王启民

王进喜　王顺友　邓平寿　邓建军　邓稼先　丛　飞

包起帆　史光柱　史来贺　叶　欣　甘远志　申纪兰

白芳礼　任长霞　刘文学　刘英俊　华罗庚　向秀丽

廷·巴特尔　许振超　达吾提·阿西木　邢燕子　吴大观

吴仁宝　吴天祥　吴金印　吴登云　宋鱼水　张　华

张云泉　张秉贵　张海迪　时传祥　李四光　李春燕

李桂林和陆建芬夫妇　李素芝　李梦桃　李登海　杨利伟

杨怀远　杨根思　苏　宁　谷文昌　邰丽华　邱少云

邱光华　邱娥国　陈景润　麦贤得　孟　泰　孟二冬

林　浩　林巧稚　林秀贞　欧阳海　罗映珍　罗健夫

罗盛教　草原英雄小姐妹　赵梦桃　钟南山　唐山十三农民

容国团　徐　虎　秦文贵　袁隆平　钱学森　常香玉

黄继光　彭加木　焦裕禄　蒋筑英　谢延信　韩素云

窦铁成　赖　宁　雷　锋　谭　彦　谭千秋　谭竹青

樊锦诗

图书在版编目（CIP）数据

方红霄 / 商成勇，王久辛著. -- 长春：
吉林文史出版社，2012.9（2022.4重印）
（100位新中国成立以来感动中国人物）
ISBN 978-7-5472-1198-4

Ⅰ. ①方… Ⅱ. ①商… ②王…Ⅲ. ①方红霄
－生平事迹－青年读物②方红霄－生平事迹－少年读物
Ⅳ. ①K825.2-49

中国版本图书馆CIP数据核字(2012)第218267号

方红霄

FANGHONGXIAO

著/ 商成勇 王久辛

选题策划/ 王尔立 责任编辑/ 王尔立 李洁华 任玉茗

装帧设计/ 韩璘

出版发行/ 吉林文史出版社

地址/ 长春市福祉大路5788号 邮编/ 130118

电话/ 0431-81629363 传真/ 0431-86037589

印刷/ 天津海德伟业印务有限公司

版次/ 2012年12月第1版 2022年4月第4次印刷

开本/ 640mm×920mm 1/16

印张/ 9 字数/ 100千

书号/ ISBN 978-7-5472-1198-4

定价/ 29.80元